风云际会

比特币

胡定核　著

Emergence into Prominence in Times of Crisis

BITCOIN

经济日报出版社

图书在版编目（CIP）数据

风云际会比特币 / 胡定核著. -- 北京 : 经济日报出版社，2023.1
ISBN 978-7-5196-1230-6

Ⅰ. ①风… Ⅱ. ①胡… Ⅲ. ①电子支付－研究 Ⅳ. ①F713.361.3

中国版本图书馆CIP数据核字(2022)第216965号

风云际会比特币

作　　者　胡定核
责任编辑　黄芳芳
责任校对　张　政
出版发行　经济日报出版社
地　　址　北京市西城区白纸坊东街 2 号 A 座综合楼 710（邮政编码：100054）
电　　话　010-63567684（总编室）　010-63584556（财经编辑部）
010-63567687（企业与企业家史编辑部）
010-63567683（经济与管理学术编辑部）
010-63538621 63567692（发行部）
网　　址　www.edpbook.com.cn
E - mail　edpbook@126.com
经　　销　全国新华书店
印　　刷　文畅阁印刷有限公司
开　　本　710 毫米 ×1000 毫米　1/16
印　　张　11
字　　数　174 千字
版　　次　2023 年 1 月第 1 版
印　　次　2023 年 1 月第 1 次印刷
书　　号　ISBN 978-7-5196-1230-6
定　　价　58.00 元

专家推荐

Bitcoin

研究比特币不可能毕其功于一役，因为比特币本身还在成长和演变，问题和答案在变化。所以，我们都只是在路上。

——朱嘉明　著名经济学家

以比特币为代表的区块链用数学的方法定义了信任，为数字经济发展奠定了坚实基础，为元宇宙的发展提供了坚实的基石，让金融创新多了一种选择，开创了一种新的社群组织模式——DAO。

——吴显国　河北省数字经济联合会会长

定核博士近几年一直致力于数字经济，包括日本数字经济的研究。他应川井伸一校长之邀到爱知大学做客座研究员，考察日本数字经济和数字币交易所，还拜会了前金融大臣柳泽伯夫等业内人士。

相信这本书将有益于中日数字经济合作。

——小池政就　日本前众议院议员，日中创新中心本部长、主席研究员

为什么我们会对以比特币、以太坊、区块链、NFT、元宇宙为代表的新经济如此痴迷？

区块链技术引领的 Web3.0 革命不仅实现了物理世界与数字世界的融合，推动了科技发展与生产力进步，还能改变当今社会的生产关系？

以区块链技术为基础的新经济能否真正为我们带来民主正义、公平透明的福音？作者回顾了充满争议的比特币的诞生过程和发展历程，以及它引发的一系列社会、政治、经济事件，并以比特币的数字资产属性为切入点，深刻剖析了比特币机制和区块链原理，还将区块链原理引入到金融、民主、科技发展等领域中，和读者分享了他在区块链价值体系和应用场景中的深入思考。

——周杰　国际（澳门）清洁能源论坛副理事长兼秘书长

近年来，区块链已从极客群体逐渐走向主流人群。此时此刻，对于行业更本质的思考可能更为重要。

这本书文笔细腻优雅，作者结合了自己在传统金融行业的多年经验，将理论、数据和对社会治理的思考等巧妙地结合在一起，逻辑严密又有很强的可读性。

区块链行业仍然处于早期阶段，需要更多能人志士加入其中才有机会挖掘出区块链的最大潜力。定核多方调研，学富五车，感谢作者身为行业建设者分享出真知灼见!

——达鸿飞　Neo 创始人

胡定核博士在哈佛访问期间，我有幸和他讨论过区块链。这些年，他的思考不断深入，也不断给我启发。区块链让我们重新思考信息、信任、账本、共识、协作等基本概念，社区自组织，秩序自涌现，价值重评估。

区块链除了升级金融基础设施以外，对经济和社会的影响也在不断加深，并将在元宇宙时代发挥基础作用。胡博士以赤诚之心和深厚学术功底探讨这些前沿问题，以生花妙笔静心撰成此书，对读者必有增益。

——邹传伟　万向区块链首席经济学家、首届孙冶方金融创新奖获得者

定核兄为清华大学友人介绍，经个人邀请至台湾科技大学一年担任访问学者。其间除了与台湾产学界交流，亦协助介接国际区块链领域资源。

定核兄给我的感觉比较像是一位文人而非金融家，他对各种事务的体会就如文人对社会文化的细腻观察，对区块链的发展特别是比特币的角色更加上了他在财经领域的专业洞悉。

定核兄在此书中从比特币的发展历史谈到比特币的未来，最核心的阐述在于比特币的价值与定位，以及它在数位资产中的独特角色；在元宇宙概念兴起后，数位货币和数位资产更成为实体世界和元宇宙发展间价值无缝连接的基石。

定核兄在此书中以数学、物理等自然科学，以及政治、经济等社会科学的架构探索与区块链的对比，就好比提供了一个罗塞达碑（Rosetta Stone）让读者解读区块链世界的奥秘。

相信对此书的读者而言，可以快速地建立一个对比特币兼具广度和深度的了解，对未来区块链、数位货币、数位资产，乃至于元宇宙的发展也可以具有更有效的解析能力。

——周硕彦　特聘教授、台湾科技大学物联网创新中心主任

世界上每个思维缜密的人都在试图理解比特币及其所代表的区块链技术将如何改变我们的生活。本书以开创性的视角，将数学、经济学、计算机科学、政治学、历史学及人类学的元素精妙地结合起来，用严谨而又优美的语言，把比特币及区块链的本质写得透彻、生动，是当前变革时代不可或缺的图书。

——明中行　清华大学深圳下一代互联网研究中心副主任

在区块链领域里，知识性内容丰富的书籍很多，但是有深度思考、独到见解和别具启发性的却很少。

胡定核先生的《风云际会比特币》一书对比特币和区块链技术中的一些重要话题比如能源、共识、治理、文化等进行了深入浅出的思考和探讨，读来颇具启迪。

——刘青焱　公众号“刘教链”主理人

读胡定核的文章，他不是短视地从几年来看比特币的涨跌，而是站在更高的维度，从人类历史和未来价值，旁征博引，再而娓娓道来。

这恰如他的性格，谦逊低调，

这又如他的才华，博古通今。

——宋智毅　天水资本合伙人

对于比特币令人眼花缭乱的 13 年历程，没有比这一本更周详的叙述和评判了。

这是一位特立独行且知行合一经济学者的扛鼎之作，用生动的案例为读者展示了分布式共识如何改变人类传统的桎梏，引导人们探索以比特币、区块链为基础的元宇宙的康庄未来。

——李勇（丁亦舟） 重庆市政协委员、市政府参事，重庆前沿区域经济研究院院长

比特币的横空出世，在带给我们震撼的同时，也永久性地改变了稀缺性技术的版图。数学上可证明的稀缺性，跟我们真实世界中的稀缺性，乃至跟数字化的元宇宙中的稀缺性，都可以形成一种映射，数字化生存从此有了“锚”。以可证明的稀缺性技术为支撑，在数字化的世界中构建并实践各种可证明的制度生态，成了技术极客们的不懈追求。本书从技术与制度关系的视角，复盘了这个过程，展现了比特币现象的历史深度。作者是区块链技术的先行者之一，相信他这部融汇了先行者切身体验的著作，带给我们对于比特币现象的不一样的思考和启迪。

——白硕　上海证券交易所前总工程师

中本聪在 2008 年 10 月 31 日发布的比特币白皮书，让人类再次体验了数学之美：一群互不认识、互不信任的乌合之众，居然能基于算法构建和管理一个可信的账本，从而为资产确权和资产转移提供坚实的逻辑基础，并在此之上展开形形色色的经济活动。

读者开卷有益，读后会心一笑：拜数学之赐，乌合之众的经济，从此不再是虚无缥缈的乌托邦。

——胡捷　上海交通大学上海高级金融学院教授

序

Bitcoin

我们都只是在路上

胡定核博士所著的《风云际会比特币》，仅仅书名，将比特币置于“风云际会”的大环境之下，足以让读者眼前一亮。唐代诗人秦韬玉在《仙掌》这首诗中说：“为余势负天工背，索取风云际会身。”

本书作者将比特币的十三年称之为风云际会的十三年，应该说是恰如其分。因为，比特币不仅是风雨际会的产物，而且借助时势，呼风唤雨，引入更多的“玩家”。比特币代表着独特的、影响深远的历史事件。

卷入这个历史事件的有个人、企业和政府，有科学家、投资家、金融家和政治家。其中，就有数字经济时代“枭雄”的马斯克，代表星际资本主义，在科技创新、在资本市场的特立独行，搅局了比特币、狗狗币和其他加密数字货币。这个现象就被称之为“埃隆效应”（Elon Effect）。[1]

因为“埃隆效应”，世界主要国家政府，至少包括美国、中国、俄罗斯，强化了对界面数字货币的监管和干预。

---

① 包括三种同义表达：埃隆效应、马斯克效应和埃隆·马斯克效应。

全书一共七章，以比特币十三年的历史为主线，描述了至少自2008年世界金融危机以来的比特币的演变轨迹和未来趋势。

第一章，以加密货币投资人云星途的投资经历，展示了比特币炒作中的深层问题：既有人性的贪婪，又有直面巨创的坦诚与自省，教训值得总结。也许，从某种意义上，我们每个人身上都有云星途的影子。

第二章和第三章，作者简要回溯了比特币的十三年，从七个方面对比特币为什么会暴涨进行了剖析，也探讨了比特币被普遍接受的必要条件。

第四章，作者对神秘的中本聪及其继承人，和一些冒名者追踪溯源，帮助读者捋清了来龙去脉。

作者在“还有哪些疯狂的加密数字币”一章中，不只讨论数字币市值，也讨论了柴犬币等独具特色的数字币及比特现金、LON等中国人创造的加密币，还列举了各国的监管政策。

第六章，此为本书的画龙点睛之笔。作者从宏观着眼，微观入手，从多个方面再次对比特币作了多角度的价值解读，认为比特币从人类熵减的高度，打造了崭新的数学共识。

第七章中，作者通过七个方面对比特币有没有未来做了全面的探讨和分析，文中既实事求是地分析了比特币“作为货币目前在现实社会的风险”，又肯定了它“作为数字资产的价值及未来数字币的可能”。

第七章的主题是比特币的未来。毫无疑义，比特币存在被诟病之处，但是否比特币就不能像中本聪预期的那样成为一种“货币”？作者的答案是否定的。从技术上说，一个比特币可以细分为一亿聪。“如果再数字挖矿五十年乃至一百年，如果比特币市值超过一百万亿美元，甚至与全球GDP相当之后。比特币成了巨型航母，价格相对稳定，就可以成为支付工具。草蛇灰线，伏延千里。让我们在元宇宙拭目以待吧。”

作者在这本书的自序、引言、后记所下的功夫也难以为读者所忽略。作者的宏观视野与亲身体验相映成趣，表现出理科生的数学思维、经济学者的周密逻辑和诗人的激情，可以说是夹叙夹议，旁征博引，娓娓道来，引人入胜。

2022 年 6 月 13 日，比特币与以太坊价格不到 24 小时之内分别下降 25% 和 28% 左右，可谓前所未有的“大崩溃”。6 月 14 日，相关数据显示，比特币价格短时跌破 21000 美元，最低触及 20846 美元，以太坊价格短时跌破 1100 美元，最低触及 1090 美元，创 2020 年 12 月 16 日以来的最低点。随着其价格的下滑，比特币市值缩水至 4000 亿美元左右，以太坊市值也缩水至 1333 亿美元左右，连带着加密货币大盘也正式跌破 1 万亿美元关口。于是，否定比特币和加密数字货币的舆论再次甚嚣尘上。

如果按照本书的基本思想，比特币的诞生，已经开启和创造了全新的货币金融历史。无论比特币的所谓市场价值怎样的波动，但比特币价值归零，比特币现象的消失，都几乎是不可能的事件。

比特币具有自我调整的基因，存在升华的可能性。只有在传统的理念框架下，人们才会低估比特币的生命力。

所以，研究比特币不可能毕其功于一役，因为比特币本身还在成长和演变，问题和答案在变化，社会效应则有待于时间的检验，所以，我们都只是在路上。

本书从当前数字经济中的热点问题出发，将理论和实践结合，展现了以比特币为代表的加密数字货币的技术、历史、结构、制度，特别是其经济和商业意义。就理论意义而言，突出量化分析和实证风格，在许多方面都提供了新的思路和方法。

本书在论据选取上注重最新第一手资料，特别是作者自己亲身体验的案例，可以说是材料翔实、论据充分。本书具有较强的实操性。

特别值得赞誉的是，全书对相关事件分析、挖掘精彩，冲突不断、高潮迭起，故事性强、叙述生动而颇有文采。

这本书有助于对加密货币乃至数字经济历史有兴趣的读者们的入门与思考。

2001 年 3 月，在上海昆剧院首演的新编历史昆剧《班昭》第五场有这样的四句唱词：

最难耐是寂寞，

最难抛是荣华，

从来学问欺富贵，

真文章在孤灯下。

胡博士用这本书为他这几年在哈佛大学的访学交了一份有待各位读者评点的答卷。我希望作者继续在实践中探索，不断同理论界和数字经济界的同仁们探讨，逐步深化和丰富自己的研究成果。

朱嘉明

2022 年 6 月 24 日 于杭州

自序
Bitcoin

更来沧海看鲸波

“复旦引星辰珠联璧合，顺时调律吕玉节金和。”

这是1993年我在五道口读刘鸿儒老师博士时，在颐和园万寿山排云殿前见到的对联。

自己体悟大意是顺应时势、栉风沐雨、努力追求至善至美的理想境界。

以此来形容自2018年1月11日在清华大学李兆基大楼第一次听到比特币、区块链后，如醍醐灌顶，四年多来自己锲而不舍的驽马之行，冀可聊以自慰。

2018年春，经吴敬琏老师和王娴博士推荐，在接到哈佛大学费正清中心访问学者的邀请后，我向清华大学党委书记陈旭、校务委员会副主任史宗恺两位老师建议清华与哈佛联合成立区块链实验室，对区块链创新进行研究。

学校对此十分重视，决定由清华校友总会组织清华区块链座谈会，并委托我主持。史宗恺老师、李林、元道等二十位校友参加了讨论。

2018年12月，全国政协与澳门特区联合举办了第七届“国际清洁能源论坛”，成立了“区块链专委会”并由我出任首届主任，王峰、韩锋等任副主任，全国政协副主席何厚铧、北京市政协主席吉林、东盟十国能源部部长及驻华大使、中国三峡集团及南方电网等近百家央企董事长、总经理等出席了有两百多人参加的首届“绿色区块链峰会”。

在哈佛大学期间，我对区块链的技术机制、区块链对社会治理的激励模式、智能合约、中美区块链比较分析等进行了研究，参加了纽约的区块链全球峰会等多个区块链会议，并多次在哈佛大学、MIT、中国驻美大使馆、清华大学、台湾科技大学、台湾政治大学，2018 中国（合肥）金融外包峰会等作区块链的主题演讲。

应《火星财经》《金色财经》之邀，归纳自己对区块链对比特币的认识和研究，写了《浅析比特币的价值》等十多篇研究报告。

2021 年 6 月 18 日，经济日报出版社向我约稿，邀请我写作一本面向市场、适合大众阅读的书，起初命名为《比特币风云录》。

开始我非常犹豫。虽然自 1991 年 4 月任教深圳大学时写作出版自己的第一本书《中国股票市场：行情分析与投资艺术》起（据说此书勉强也算是股市的启蒙书之一，发行了 26 万册。2018 年 5 月，在哈佛大学费正清中心图书馆馆长南希教授的办公室，她上电脑查到美国有斯坦福等八所大学的图书馆藏有此书），我又陆续出版了《中国房地产经济》（四川大学出版社，1992 年 5 月）、《人民币与中国经济》（西南交通大学出版社，1992 年 10 月），主编全国高校统编教材《期货投资学》（西南财经大学出版社，1997 年 12 月）、《资产负债管理：借鉴与发展》（中国金融出版社，1996 年 8 月），主编《光辉的思想伟大的实践：宁夏纪念邓小平诞辰 100 周年理论研讨会论文集》（宁夏人民出版社，2004 年 8 月），主编《执政能力建设与宁夏发展》（宁夏人民出版社，2005 年 12 月），副主编《重庆金融：创新与发展》（西南财经大学出版社，2013 年 10 月）等十余本书籍。

但近十年来的确动笔较少，怕吃不了焚膏继晷、韦编三绝的苦。

拖延中思考了两个月，才逐渐进入状态。

最近则一发不可收拾，有时睡里梦里也在写作，半夜三点多也翻身起床记下偶得的佳句，的确有“寻章摘句老雕虫，晓月当帘挂玉弓”的感觉。

完稿之后自审。自己对序言、引言、第一章、第六章、第七章、后记倾注心血最多，完全是原创，是自己四年多来工作和学习、思考的涓滴心得，相对较为满意。其余章节从大量资料中提炼、总结而成。

按出版社的要求，希望本书通俗易懂，夹叙夹议、有质有文、大去陈言、迭见新意，为读者所接受；希望力求写得比较可读、可信、可取，既写出比特币十三年历史的本然，又能讲出其诞生、发展的所以然，甚至进而推演其星辰大海的未然。

这对自己的确是力所难逮的挑战。

比特币诞生至今，催生了区块链，又在 2021 年引爆了以元宇宙为标志的数字文明，吸引了数千万人的深度参与和各国政府的高度关注，无数创富的传奇、不尽悲欢的离合。

内容如此丰富，在这本十多万字的小册子里，的确不可能说得面面俱到，这是显而易见的。

有所取，必有所舍，有所详，必有所略。

但取舍详略之际，考虑间有未周，在所难免。

而知世论史之处，笔者纵逞匠心，究难悉当。

恭请各位读者海涵。

好在集四年波澜壮阔的理论与实践之心得，积半载牛角挂书、悬梁刺股之笨功，终于勉力成浅薄的一孔之见，得粗陋的引玉之砖，在此求正于大方之家。

面对比特币、区块链、元宇宙的星辰大海，忽又觉得这些文字太苍白无力，渺如沧海一粟。

“可是胸中未豪壮，更来沧海看鲸波。”

这句宋诗也许可以略表自己此时的心情。

是为序。

胡定核

2022 年元月元日于元一既起新途肇立之晨

目 录

Bitcoin

专家推荐 001

序 我们都只是在路上 005

自 序 更来沧海看鲸波 009

引 子 比特币的 2022 001

第一章 001

比特币的 2021：合约惊雷与埃隆效应

一、合约惊雷：从暴涨到暴跌 002

二、火星客兴风作浪：马斯克的推波助澜与落井下石 009

三、举棋难定：中国、美国、俄罗斯等多国的围剿 020

027
第二章
比特币的 13 年（2009—2022 年）
一、比特币的诞生（2009 年 1 月 3 日） 028
二、比特币的第一次实物交易 030
三、风云际会 13 年 031

041
第三章
比特币为什么暴涨暴跌？
一、影响比特币价格波动的六因素 042
二、比特币为什么会暴涨暴跌？ 044
三、比特币被普遍接受的必要条件 049

052
第四章
比特币溯源
一、神秘的中本聪 053
二、冒充的发明者 053

第五章 还有哪些疯狂的加密数字货币 057

一、以太坊（ETH） 058
二、其他市值排名前十的加密数字货币 063
三、另外一些独具特色的加密数字货币 071
四、中国人创造的加密数字货币 075
五、对经济、金融和社会的影响及政府的监管政策 080

第六章 浅析比特币的价值 087

一、从宏观视野分析 088
二、从微观视角分析 091
三、推动社会进步的价值 100
四、促进科技发展的价值 105

第七章 比特币有没有未来？ 111

一、重新理解比特币 112
二、比特币交易流转的过程 120
三、作为货币目前在现实社会的风险 122
四、初步定性为数字资产 123
五、比特币被诟病的几个方面 124
六、作为数字资产的价值及未来数字货币的可能性 126
七、比特币未来的猜想 128

后记 画眉深浅入时无 143

引子 比特币的 2022

Bitcoin

窗外，风正从每个洞穴

吹响繁花满枝的春树

阳光抵过万卷书

往昔已去，来日风生水起

——《天命之诗》

2022 年，波澜起伏的比特币既循规蹈矩，又云谲波诡。

循蹈之处在于，它一如 2016 年 6 月减半，币值于 2017 年 12 月 19 日达到 1.97 万美元后，持续走低一样。

此轮周期在 2020 年 5 月减半，币值于 2021 年 11 月 9 日达到 6.9 万美元后，也起起伏伏，一头向下。

而并没有像有的人预计的那样，由于一些较大的、传统金融机构及马斯克等名人、牛人的进入而得到根本性的转变。比如，有人认为机构、马斯克等购入价达到了 3 万美元左右，而他们会长期投资、长期持有，所以此轮下跌不会破 3 万、2 万美元，等等。

笔者对此的认识是，比特币的周期性起伏会随着市值的增长与参与者的增加而逐步减缓，但并不会完全熨平币价的波动。此次的低点会在 1.5 万美元左右。

从同期看，2016 年 7 月 10 日，比特币第二次减半后不到一年半，即 2017 年 12 月 17 日，币价达到牛市高点，即 1.97 万美元。2018 年 12 月 15 日，币价跌到“熊底”，即 3156 美元。2020 年 5 月 12 日，第三次减半后一年半，即 2021 年 11 月 11 日，币价高达 6.9 万美元，此次的低点应该在 2022 年 11 月左右。加上经过多次极高强度的暴力加息，美国通胀也受到有效抑制，美元收缩已近尾声。所以，笔者认为，2022 年 11 月 21 日币价达到 1.54 万美元，很可能就是此轮熊市的底部。

2022 年，比特币的跌速甚至超过 2018 年，这中间既有减半周期的因素，更与美国 2022 年 5 月的通胀率高达 8.6%，创自 1981 年 12 月，超过 40 年来的新高有关。

通胀的危害有多大，笔者博士毕业在中国人民银行总行工作时，曾两次应约在《人民日报》理论版刊发超过半版的专题文章（《采取有力措施坚决抑制通货膨胀》，1995 年 1 月 5 日；《继续实行适度从紧的货币政策》，1996 年 12 月 10 日）进行阐述。

当年，时任总理朱镕基亲自兼任中国人民银行行长，采取坚决的紧缩政策，使海南房地产暴跌 90% 以上，把 1994 年高达 24.1% 的通胀率压了下来，实现了中国经济的软着陆。

所以，此次美国也采取了自 1994 年以来近 30 年的最大加息力度，在 2022 年 5 月 5 日加息 0.5 个基点的基础上，6 月 18 日又加息 0.75%，7 月再次加息 0.75%，使美元基准利率从 0.5% 加到 2023 年的 3.8% 左右，以期将通胀率压到 2% 以内。

6 月 19 日，香港《大公报》“点市成金”节目对我进行电话采访。笔者也认为，此番粗暴加息必然导致美元紧缩，也导致以美元计价的比特币、美股、其他国家货币等暴跌。

所以，比特币的突然陡峭下行并非空穴来风。

阳光之下也有新事。

波涛翻卷的比特币在 2022 年也浪出了几波诡谲的看点。

看点一：
华人首富赵长鹏跌落神坛、一夜返贫

“返贫了（Poor again）。”2022 年 5 月 17 日，币安创始人赵长鹏转载了一条币安投资 LUNA 币转瞬归零的报道并自嘲道。

突然跃上神坛的华人首富，也同时是币圈首富的传奇人物赵长鹏真的返贫了吗?

故事并不那么简单。

这个“返贫首富”是何许人也？1977 年，赵长鹏生于江苏连云港。12 岁的他随家人移民温哥华。十几岁赵长鹏就开始承担家庭开支。他在麦当劳当过店员，也曾在加油站熬夜工作。

大学计算机专业毕业后曾就职于东京证券交易所和美国彭博社，做过交易员和软件开发，并任彭博社技术总监。2005 年，他回国创业，曾以联合创始人身份加入 Okcoin，并任 CTO 管理技术团队和国际团队。

赵长鹏是标准的程序员出身，喜欢钻研技术，平时和扎克伯格、乔布斯等人一样喜欢休闲装，着黑色卫衣，小平头干净利落。

2014 年，以卖掉上海的房产买入比特币为标志，他几乎全资产 All in 区块链及比特币。他也没有任何汽车、游艇或名表。在那些因加密货币发财的人之中，赵长鹏属于建设者。

2017 年 7 月，赵长鹏在上海创立币安数字货币交易所。风险投资人 Daming Zhu 回忆说，当赵长鹏刚创办币安时，“我们都不知道他在做什么。但他非常坚持”。Daming Zhu 在币安投资了大约 100 万元人民币——“这是我做过的最好的投资”。

好景不长，2017 年 9 月 4 日，中国人民银行等七部委联合发布《关于防范代币发行融资风险的公告》，明确代币发行融资活动为“非法金融活动”，所有相关交易平台都需要在月底前清理关闭交易。

此时距离赵长鹏创立币安仅仅 3 个月的时间。2017 年 10 月，币安团队将人员和服务器转移到海外，分散到了十几个不同国家和地区，并承诺，“不再为中国大陆地区用户提供服务”。

口头说要放弃国内的市场，但背地里他对如此大的一块蛋糕还是念念不忘。币安的工作人员依然活跃在微博、微信等社交媒体上，不停地往币安交易所导流国内用户。“出海”经营的币安，运营主体较为隐蔽，其运营主体注册地、办公地以及业务开展区域经常更换，并且通过频繁变更网站域名和服务器地址来逃避监管。

币安成立6个月后，超越国内更早成立的Okex、火币、美国Coinbase等著名交易所，登顶全球之冠至今。

到2021年，该交易所有9000万用户，上线了600多种数字货币，并提供24小时不间断的交易服务。

币安每天的交易额能达到800亿美元，通过收取手续费、上币费、服务费等，估值达3000亿美元。

2021年11月30日，乘比特币同月9日上攀6.9万美元的东风，据福布斯测算，持有币安30%股份的技术男赵长鹏以958亿美元的身价跻身全球十大富豪之列，同时也荣登全球华人首富和币圈首富。

但黄粱太短，好景不长。

以2022年5月LUNA币爆炸为标志，赵长鹏的首富地位不到半年，身家也像疯狂的过山车一样飞速缩水，蒸发90%以上。

2018年，币安投300万美元购入1500万个LUNA，市值最高时达13亿美元。

正所谓易来去速，LUNA从近90美元/枚暴跌至0.00015美元/枚，仅仅几天工夫，13亿美元几近“灰飞烟灭”至2000美元。

虽然看戏的瓜众们惊心动魄，但主角似乎尚还淡定。早在2021年11月17日，赵长鹏接受美联社采访时表示:“我在2014年买了一些比特币。随着时间的推移，我花了一点，但大部分没有卖。我持有的另一项资产，也就是我净资产的大部分，是BNB。就个人而言，我在财务上是自由的。我不需要很多钱，我确实打算捐出我的大部分财富，就像洛克菲勒和许多富有的企业家或创始人所做的那样，我确实打算捐出我财富的90%、95%或99%。”

赵长鹏也知错能改，颇为坦诚。

2020 年 3 月 8 日，赵长鹏私自挪用用户资金参与 Steem 投票。后来，他发推文就币安参与 Steem 投票并道歉。

他表示称："我本不想介入此次事件，但是现在看起来不能置身事外了。在错误地认为这是一次寻常升级 / 分叉的情况下，我批准币安参与投票。对此，我深感抱歉。"

2022 年，美国 SEC 正在调查全球最大数字货币交易所币安，因为在 5 年前，币安刚刚起步时出售的币安币（BNB）可能违反了证券规则。从市值来看，BNB 目前是世界第三大数字代币。

实际上，从 2017 年 10 月匆忙出海以来，赵长鹏首先去了他曾经工作过的日本，又辗转英国、美国、新加坡等国，但币安不设立总部的"去中心化办公"却难以被上述多国监管机构接受，被视为风险难控，不能合法注册落地。

所以，过于超前的币安也被很多传统眼光视为漂浮的无本之木。

但这一切并没挡住赵长鹏扩张的步伐。

2022 年 6 月 14 日，赵长鹏表示，熊市是加密货币公司雇用更多人员和增加投资的好时机。

他表示，币安拥有一个"非常健康"的战时基金，币安现在正在扩大招聘。此外，币安还在"加快并购活动"。赵长鹏认为，牛市期间的项目很多，但溢价也通常很高，币安正在寻求增加投资并增加其不断增长的投资组合，将"最大限度地利用加密寒冬"。

2022 年 7 月 14 日，币安创立五周年之际，赵长鹏发表致币安用户公开信中说："五年前，我们只有方寸之地、寥寥数人，却梦想着建立一个稳定可靠的加密资产交易平台。那时的我们，怎么会想到币安今日会成为全球最大的数字资产交易平台，成为全球 Web3.0 产业的有力推动者呢？”

“自 2017 年以来，币安团队扩大了不止 200 倍；现在，我们的用户来自全球各地。我们支持全球 18 种服务语言，用户总量超过了 1.2 亿。我们共同成长，让币安成了加密资产这个全球增长最快行业的领导者。当然，随之而来的还有重大责任。我们定会肩负起这一重任。”

他也提出了“最具前景区块链与加密资产项目的孵化与投资”的远大愿景。最后他自勉道：“一个初创企业经过短短五年时间就达到了和拥有 200 年历史的金融机构一样的成熟度和运营水准，这是难以想象的。不过，我们已经快要做到了。通过坚持自己的价值观，我们不仅能引领金融科技行业，也能引领整个金融行业发展。”

虽然赵长鹏的财富随熊市大大缩水，但胜败涨跌也属日常，只要币安不犯颠覆性错误，预计三年后他仍将再登首富。

毕竟，数字经济对传统经济而言，还是更高维度的新蓝海，不可同日而语。

他生长在华夏，12 岁后在加拿大、日本、新加坡等地都生活过，按照赵长鹏自己的说法，平均每五年就换一个城市生活的经历，上海让他觉得自己是一个“典型的世界公民”。

且不管他是否是“世界公民”，至少赵长鹏也是我们血浓于水的骨肉同胞，让时光证明一切，让我们观察他、祝福他，也许，在某些方面，追随并学习他吧。

看点二：

2700 亿一夜归零的庞氏骗局 LUNA 事件

2022 年，币圈最大热点其实不是赵长鹏首富“瘦身”，而是 LUNA 暴雷。

LUNA 的创始人是一个韩国人，毕业于斯坦福大学计算机系，他异想天开地用“高技术算法”凭空地创造了稳定币 UST，又击鼓传花地高息引流，在流沙上建起了高楼、豪宴了宾客，最后空中楼阁倒塌。

因为比特币、以太坊等数字币像股票一样涨跌不定，所以，2014 年，美国泰达公司 Tether 创造了第一个稳定币 USDT，号称与美元挂钩锚定，很快为大众所接受，但不是很透明。目前流通市值超过 800 亿美元。

第二个广泛流行的稳定币 USDC 由比特大陆、高盛集团、IDG、中金公司、光大和百度等投资的 Circle 公司发布，是一个完全抵押的美元稳定币，专业服务公司均富国际会计师事务所（Grant Thornton）将每月公开报告 Circle 发行的 USDC 的财务状况。

USDC 背后的发行公司 Circle，目前拥有美国除夏威夷外各州、英国和欧盟的支付牌照以及纽约州 BitLicense，是加密资产行业全球牌照数目最多的公司，拥有美元、英镑、欧元进出加密资产的合规通路。

此外，USDC 也成为美国 Coinbase 交易所唯一支持的稳定币，与 USDT 相比，USDC 更为透明公开，目前在稳定币中市值排名第二，仅次于 USDT。

这两个稳定币严格来说，都是与美元锚定的，后来还出现了以主流数字币如比特币、以太坊作抵押的稳定币。

而 LUNA 则什么抵押都不要，所谓完全靠算法来调节供需关系创造并维护币种的价值，其背后的逻辑是 1 美元的 LUNA 恒定 1 个 UST，UST 高于 1 美元后就会有人销毁 LUNA 换成 UST，反之亦然，高就卖，低就买，这样就跟天平一样左右平衡。实际上是互相担保。

稳定币类型	是否中心化	抵押物	是否足额	代表性稳定币
以法币为支持	是	美元、日元、韩元等法定货币	是，足额 1:1	USDT、USDC
以加密货币为支持	否	比特币、以太坊等主流加密货币	是，超额（例如 1:1.5）	DAI
算法稳定币	否	无	否	UST、KRT（Terra 链上）

三类稳定币的比较

在画好大饼后，LUNA 背后的机构 Terra 做了一个虚拟货币的理财，按年化 20% 回收 UST，如果你没钱就借给你钱，但是你得拿 LUNA 做抵押！当 UST 被大量买入，就需要购入大量的 LUNA 币来铸造 UST，这样 LUNA 供不应求，价格飞升，此时击鼓传花的庞氏骗局悄然成形。

其实这类操作在币圈并不罕见，各种流动性抵押、锁仓、挖矿，甚至上过《新闻联播》的火币也在其所谓去中心化的 Heco 链中推出了年化超过 1000% 的 medx 抵押挖矿。

LUNA 凭借编织的概念空手套真钱，然后，又用韭菜们的钱买入多达 7.5 亿美元的比特币等资产作为抵押背书，让自己变得更可信，于是本来是一文不值的“空气币”LUNA 币从一美元暴涨到 120 美元 / 枚，一跃而成第三大稳定币。

无源之水终将枯竭，LUNA 难逃天网。由于采用了互相担保设计，漏洞被人发现开始做空它，2022 年 5 月 5 日，LUNA 和 UST 双双暴跌，陷入死亡螺旋。

Terra 也曾用储备的 7.5 亿比特币救市，但杯水车薪。期间有游资抄底，Terra 团队也宣称要帮助 LUNA 币重建，虽然有这些利好消息，但也仅仅短暂地拉升了一下，经历了“死猫跳”的 LUNA 于 5 月 13 日最终还是躺在 0.00015 美元的谷底，而难兄难弟 UST 则跌到了不足 0.09 美元。

对于近期价格大幅波动的稳定币，美国财政部部长耶伦在 2022 年 5 月的参议院银行委员会听证会上指出，稳定币 UST 最近的波动证明不受监管的加密货币市场对金融稳定构成了潜在威胁。

耶伦要求美国国会就美元稳定币进行相关的立法。

笔者认为，下一步美国可能会鼓励受到监管的金融机构，发行基于美元的美元稳定币，同时打击其他在非监管之下发行的美元稳定币。UST 等算法稳定币的本质就是证券，“庞氏骗局”的嫌疑非常大。UST 即使现在不归零，未来也会受到美国监管的打击。

但 LUNA 最近也有些回阳，2022 年 8 月 20 日，其价格回到了 1.65 美元。

看点三：

马斯克的新动向

语惊四座的马斯克在 2021 年 7 月 29 日称特斯拉持有的比特币已达 14.7 亿美元。按他 3.5 万美元 / 枚左右的购入价，如果没逢高出货的话，至 2022 年 6 月底已浮亏超过 5 亿美元。

而对于人们诟病挖矿消耗能源一事，他却表示现代核电站是安全的，并支持利用核能发电开采比特币。

2022 年 5 月 24 日，在 ARK Invest 频道的对话中，马斯克表示，希望加密货币能够提高作为货币的核心效率，从而减少政府的干预，加密货币将使人们受益并赋予他们权力，从而增强个人对政府的影响力，为世界和平做出贡献。

2022 年 6 月 20 日，马斯克在推特上称，我会继续支持狗狗币。网友回复称，那就继续购买，马斯克对此回应称，我在买。金色财经此前报道，马斯克回复狗狗币联合创始人可能会有更多商品将支持狗狗币支付。

当月，一名狗狗币投资者起诉马斯克，称后者通过传销的方式来推广狗狗币，要求马斯克赔偿 2580 亿美元。

在向曼哈顿联邦法院提交的一份起诉书中，原告 Keith Johnson 指控马斯克、特斯拉和 SpaceX 公司涉嫌“敲诈勒索”，称他们通过兜售狗狗币推高其价格，随后又让价格暴跌。

“被告自 2019 年以来就知道，狗狗币没有任何价值，但他们还在推广狗狗币，并从中获利。”起诉书上写道，“马斯克利用他作为世界首富的地位来运营和操纵狗狗币金字塔骗局，以获取利润、曝光率”。

原告 Keith Johnson 还计划阻止马斯克及其公司推广狗狗币。

看来在 2021 年搅动比特币与狗狗币暴涨暴跌行情的马斯克似乎在 2022 年遇到了始料未及的麻烦……

2022 年 8 月 18 日，在马斯克发布关于购买曼联的推文之后，假曼彻斯特代币（MUFC）复苏并飙升 3000% 以上。

马斯克开玩笑的推文对早已死去的代币产生了刺激作用。在马斯克发布推文之后，其他与曼联相关的资产也上涨了。

MUFC 不是曼联官方的加密数字货币，不是体育 Token。该代币早已失效，直到马斯克发布推文前一直处于非活动状态。

尽管如此，该消息还是推动了与曼联相关的金融资产飙升，包括其股票 MANU 在盘前交易中上涨 1.97%，以及使俱乐部官方区块链和培训合作伙伴 Tezos（XTZ）的市值飙升 1.3885 亿美元。

看来，作为万众瞩目的公众人物，火星客马斯克还没学会慎言谨行，真假难辨、善恶两端的大嘴将来可能还会惹上不少麻烦。

当然，想搭便车一夜爆富的投机客也应时时关注、研究他的动向，他的确是万人敌的风向标啊。

除了上述 3 个热点事件外，当然还有规模上百亿美元的对冲基金三箭资本爆仓，连带 BlockFi 和 Babel Finance 等机构巨亏，又有“粉丝”捧脚的购跑鞋跑步赚币的 GMT 狂泻，及拥有 260 亿美元资产、170 万客户的加密借贷巨头 Celsius 因被挤兑而拒付等看点。

生命不息，波浪不止。

2022 年，熊市还在继续，大幕已经拉开，更多的好戏，让我们拭目以待吧。

第一章

比特币的 2021：合约惊雷与埃隆效应

每个知情人士都需要了解比特币，因为它可能是世界上最重要的发展之一。

——利昂·卢　诺贝尔和平奖提名者

一、合约惊雷：从暴涨到暴跌

1. 晴空霹雳

北京时间 2021 年 4 月 18 日上午 11 点 21 分，在菲律宾首都马尼拉附近的 Perwaja 钢厂办公室，云星途坐在桌前正对着电脑屏幕，如魔怔一般呆住了，屏幕里的绿光映衬在他深邃的眸子里。

60901 美元、59500 美元、58500 美元、52000 美元……他怔怔地看着比特币的价格突然大幅下挫。

截至 11 点 35 分，在短短十多分钟里，比特币的价格从 60901 美元跌到 52000 美元左右，最低达到 50880 美元。

全球一个小时内比特币合约爆仓 44 亿美元，一天内超过 50 万人爆仓近 400 亿元人民币。

上午 11 点 47 分，惊魂未定的云星途在日记中写道：

“突然暴跌，重演了 2020 年 3·12 行情，只是这次不幸运了，自己的合约几乎全部爆仓，所幸还有两个账户提前设置的平仓线较高，略有剩余。

盘点现在借贷平台还有 835 个作为质押的比特币，加上其余两个账户的残余，总共只剩约 1600 个比特币，还保留了一些革命的火种，今后最多只能做 2 倍合约了。”

下午 1 点 30 分，他又在日记中写道：“今天初步估计损失了约 3750 个比特币本金，2020 年底至 2021 年合约做多赚的又全吐回去了。加上 ETH（以太坊）、UNI(Uniswap 交易所的平台币)、OKB（OKEx

交易所的平台币）、LON（Tokenlon 平台发行的应用代币）、MDX、EOS、ELA（亦来云）、HT（火币网发行的平台币）等代币，损失折算成人民币超过 19 亿元。”

“余约 1600 个比特币，负债 3660 万 USDT（泰达币）也许可用剩余的 MDX、LON、KSM、ELA 等平抵吧，余 6 亿元人民币左右，自 2017 年 11 月进入以来，投了近 2 亿元人民币，还是赚了，希望到年底仍余 10 亿元人民币。”

下午 6 点钟，他记道：“还没有从震荡中清醒过来，太骇人了，希望守住这 1600 个比特币吧，年底比特币如果涨到 15 万美元，还有可能再上 10 亿元人民币。”

晚上 9 点钟，他记道：“原计划帮大哥还债并给公益基金甚至将来捐 6498 个比特币是不可能了，个人生活不能太吝啬，要享受生命。”

故事的主人公云星途时年 37 岁，他身手矫健敏捷，每天游泳 2000 米、仰卧起坐 800 个的他是很多人心目中的男神。

虽然年幼时体弱多病、性格内向，不幸又父母双亡，被祖母养大，但他天资聪颖，从小成绩优异。

小学四年级时学写钢笔字，班主任兼语文老师李老师给全班同学的习作每天打分，分“好、较好、及格、差”四个档。

一个月过去，李老师觉得“好”已经不能形容云星途的字，特别在全班宣布，破例给小云的习字作业定为“很好”。

又两个月后，小云居然被破天荒地评为“最好”。

此事给云星途印象殊深。正如他奶奶常说：“好孩子是夸出来的。”

他一直以“最好”要求自己，成绩从全班前 3 名到第一，又是年级第一，高考以全区第一考上了北大数学系，研究生上了隔壁的清华，博士读了哈佛，又在高盛证券干到中华区高管。四年前 all in 区块链，像赵长鹏把上海的房子卖掉一样，他也把北京的三套住房卖掉，加上清仓的股票，又负债借了一些钱，砸锅卖铁地投了进来。

虽然进入区块链这一新兴领域较晚，但以他在传统领域的地位，又与火币的李林是同学，与吴忌寒、王峰是老乡，所以很快他就进入了一线圈层，和大佬们打成一片。

饶是这样，他也发现这块新兴的创新，但缺少监管的法外之地就如热带丛林一样，遍布虎视眈眈的嗜血吞金兽。

最初，他跟一位号称可能当院士的清华大师兄进了一个项目，并被委以星图资本董事长兼总经理的重任，初入市场的他听信了星途币承继微软、国防科工委、台积电二十年研究成果，加上区块链的翅膀，市值价要上千元的故事，在币价 400 多元的时候投入了 2000 多万元。

结果创始人在西雅图的一个 IP 地址趁机大量出货，一路狂泻至 100 元以下，他只好含泪割肉。现在币价在 10 元左右徘徊。

2018 年 5 月，他还拿出 500 个以太坊，投了北大区块链协会会长吴博士一个项目。

当时以太坊约 5000 元人民币 / 枚，一年后他发现项目无进展，提出退币，吴博士爽快地退回了 500 个以太坊，但此时每枚币价已不足千元。

更有台湾水总、香港杨总的项目，各投几百万后，几乎泥牛入海，有去无回了。

也有项目跑得快，赚了一些，比如，他投了 230 个比特币的 Alex，在投行专家 Andy 的指导下坚决出货，虽晚了一点，还是赚了 31 个比特币。

2019 年，他就和 Andy 合作成立了海宇资本，并由 Andy 操盘投资，他则抽身处理原来在高盛证券与人合作，尚未了结的几个传统项目。

2020 年初，他应邀到马尼拉考察一个破产钢厂转型乐高乐园的投资，因疫情进退两难，被困在这里了。

2. 惊魂 2020

其实这次爆仓并非偶然。

2020 年 3 月 13 日，云星途也曾魂飞魄散地经历了生死。

他在日记里记录了自己的懊悔与辛酸。

周四，3 月 12 日日记：

“做杠杆贷了 5000 万元人民币，10% 年息。比特币从 9000 多美元跌到了 7900 美元，再跌有风险。该听 Andy 的，承担多大压力啊，快 40 岁了，不想再从头创业了，亏不起了，没机会了。”

周五，3 月 13 日日记：

“凌晨 4 点，昨日惊魂，全靠 Andy 的敏锐和责任心，及时调度资金。比特币猝不及防地从 8972 美元跌到了 5555.55 美元，飞流直下近 4000 美元，击穿了 20 亿美元合约的资金盘，现在也破了 6000 美元，我的爆仓线在 3782 美元，仍很悬啊。

昨天我在想，比特币 60% 质押出来也是可以的。

但不该循环再质押……

该留 60% 中 30%—50% 的 USDT……

从做金融起我就想每一分钱都生息，把流动性追到极限。当年上海拜会人民银行周行长，告诉我说存贷比应 50% 左右，我对此嗤之以鼻。炒股更是跟风跟庄，全额看多，自以为是，自淫白日梦。

此次，Andy 是多次劝过我的：

不要押这么高比例，最多 50%。

不能循环重复押。

逢高出一些比特币，降低杠杆。

历史上看比特币暴涨暴跌是常事，不可掉以轻心。

市场难料，很多人做空，如果这次侥幸保命，一定要敬畏市场，疫情油价双杀，咋视而不见？杠杆太多，现金完全不留，多么愚蠢呢？

下午 1 点 55 分：似乎 4000 难保，4017 美元了。

不像 2014 年股市亏两千万，现在亏不起这么多了吧！昨天 6000 美元附近平了 100 个比特币，亏了 30 万美元没事，万一跌破 4000 美元，就真的完了。

上午 7 点 34 分，又大跌至 5056 美元，又跌破了 5100 美元.

上午 9 点整，破了 4900 美元，我的爆仓线在 3782 美元，悲伤、绝望之情如潮水漫来。

以后切不可再涉险了，这年纪，保住胜利果实要放在第一位，及时享受也应该，十年来，近半年居然没有司机和专车。

9 点 19 分，又跌了，4830 美元。

9 点 55 分，又跌了，4440 美元、4410 美元，破 4000 美元或成定局。

为何大跌，疫情已弥漫全球，西民说马尼拉超 20 例，潜藏的应该更多吧，200？2000？少上街，是否该早回京，国内似乎控制住了。”

……

一天一天，度日如年。

以上就是云星途在 2020 年 3 月中旬的日记记录的比特币在疫情全球蔓延下导致的美债美股和石油突然暴跌时的下泄。

当时云星途还仅是从小鹿资本以 1700 多枚比特币为质押品借了年息 10%、半年期的债约 5000 万元人民币，即 700 多万 USDT 的资金，这笔资金又买了比特币，部分又重复抵押再借款，抵押借款共 7 笔。

同时在 2019 年，云星途和合伙人 Andy 也向国内外一些所谓的一线项目投了近 300 万 USDT 和 160 个比特币。

在 Andy 的适时减仓收缩及侥幸止跌等因素下，云星途在 2020 年 3 月 12 日的抵押没有爆仓。

云星途于 3 月 13 日眼睁睁地看着比特币一路向下时几近崩溃，甚至自己拍视频录了号啕之状，以期警醒将来。

仅仅一年，将来如期而至。“3 · 13”的伤愈了，痛也忘了，“4 · 18”一记惊雷，10 多亿元灰飞烟灭，随合约去了。

3. 天塌了

经“4 · 18”一役的崩溃，云星途并未真正吸取教训，也未放弃合约、减少杠杆，反而冀望扳回损失。

比特币的价格从 2020 年“3 · 13”探底破了 4000 美元后，很快回稳 5000 美元左右，并在 5000 美元左右徘徊几个月后一路上万，最高 6.4 万美元，中间几乎没有大的回调。

他从自己在四五千美元部分抄底成功的经验出发，认为“4 · 18”回调后也会像去年一样再稳步上行，直到年底可能上破 15 万美元。

他整理了近几年比特币的价格走势，继续沉醉于美梦之中。

结果 2021 年 4 月 20 日他的合约又爆了近百个比特币。5 月 13 日再跌，又补仓将平仓线从 4.3 万美元下移至 4.19 万美元。

5 月 17 日，他在火币交易所也爆仓 160 个比特币，借贷平台也在 4.2 万美元平了他 80 个比特币。

直到 5 月 19 日，在单日 36% 的大跌中，他的合约最后剩的本金近 500 个比特币，借贷平台质押的 835 个比特币及 1233 个以太坊等全部爆仓，天塌下来，落了个白茫茫大地真干净！

5月20日凌晨他在日记中写道：

“半夜3点醒来，4点在厂区漫步夜游40分钟，17岁大学时他因哮喘不能入睡曾燕园夜游，20年后再夜游。

的确再三失误，一入赌场深似海，从此幸福两抛开。

一直以为自己不爱赌，其实负债加杠杆就是赌，而且合约取得负债如此容易，也如此疯狂甚至崩溃。

读《妈阁是座城》，解析赌场生动，有比我更生动的吗？自称不赌，从未进赌场、购彩票……

命中注定吧，总听不进别人的劝阻。”

其实在人类的历史上，类似的故事，也曾不断上演。在股票、期货等金融市场中，悲喜剧也比比皆是：有股票加杠杆、期货合约爆仓的，更有监管措施不到位，证券机构作弊的国债代保管凭证虚增虚开作假案等。

一年多冷静下来后，云星途自我反思：

（1）人性都是贪婪和自以为是的，特别是因为疫情封闭孤悬海外，与圈内朋友交流不畅，不如面对面坦诚交流。

加上2020年3月13日后抄底比较成功，之后学做合约后行情几乎一直单边上涨，一再成功，以致后来劝他减仓的朋友也怵了，云博士的确赚得太嗨了！

有段时间云星途甚至自以为掌握了秘籍，甚至舍不得让外人分享，与个别朋友聊天时也闪烁其词。

（2）虽然自以为自己从来不赌，但潜存巨大的赌性。

纵观人生，加杠杆就是赌，企业家负债是为了快速成长，但风险也大。

不管许家印还是雷曼兄弟，水平再高，加杠杆也是风险。

（3）合约交易是巨大的黑色赌场。

如果说期货交易还有证监会等监管的话，币安、OKEX 等数字货币交易所的合约交易则完全靠自觉、自我监管。

一方面要提取交易费，更可怕的是他们自己坐庄。在暴跌时可能插针，直线下穿扎破合约，抄底便宜，廉价接过做合约者的数字资产。

在银行等金融机构办理负债手续烦琐，但合约加杠杆只需动动手指，太容易、太可怕、太可恨、太坑爹。

（4）严歌苓的《妈阁是座城》值得反复读，细细品味，其实也许每个人内心深处都有“赌”这个怪兽。

（5）要警醒、要总结，更要重新振作起来，大错既已铸成，成日懊恼痛悔也无济于事，总比车祸或者得癌症好吧，比白银马拉松的意外失温去世的梁晶等幸运，相信自己，从头开始。

按力帆创始人尹明善的说法：“下坡路也是人生路。”人生总是跌宕起伏的，没有大悲，何来大喜大悟呢？

陶渊明说得好：“纵浪大化中，不喜亦不惧。应尽便须尽，无复独多虑。”该去的就让它去吧！

二、火星客兴风作浪：马斯克的推波助澜与落井下石

与云星途个人微观操作中鬼迷心窍、赌彩一掷的故事相呼应的，是 2021 年被朱嘉明先生称为代表“星际资本”大佬的马斯克，如一头野牛、一个火星外来客，上演着他猛然一头扎进比特币、数字货币市场后纵横捭阖、呼风唤雨的剧情：

有醍醐灌顶的开悟，有商人和庄家的精明和算计，有他超级网红

的风云激荡，也许还有逃不掉人性的自私暗黑。

且让我们拉开大戏的第二幕。

1. 闯入币圈的“火星客”

2020 年，检索马斯克，关键词可能还是“火星客”“硅谷钢铁侠”“科技达人”等，但到了 2021 年 2 月以后，再搜索马斯克一词，人们的眼球可能会被满屏的“资本家”“割韭菜”“币圈操纵者”等一系列负面词汇所充斥。

从 2021 年 1 月比特币的走势与马斯克的言论，就可以管窥人们对其态度为何会有天壤之别。

2021 年 1 月初，比特币价格一路上升，2021 年 1 月 3 日，比特币价格创新高，达到 34600 美元，小幅波动后在 1 月 8 日涨超 40000 美元，成交额超 880 亿美元。

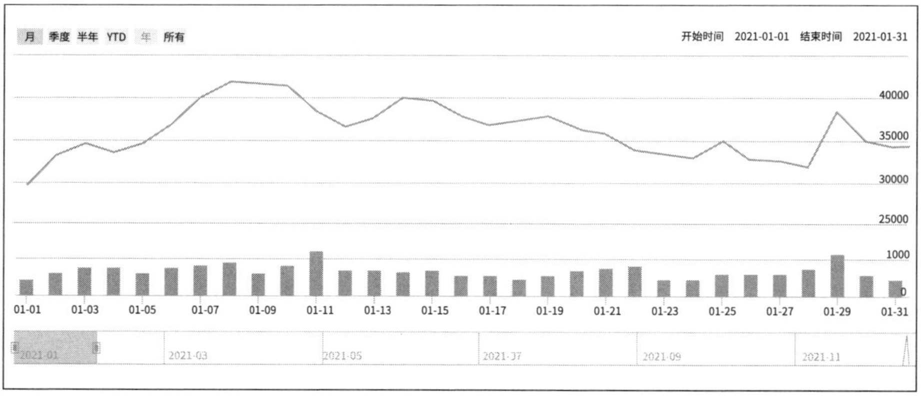

图 1-1 2021 年 1 月比特币价格走势图

月中比特币价格呈现波动下降趋势，1 月 28 日降到最低的 31000 美元左右，成交额回落至 789.48 亿美元。

1 月 29 日，马斯克把其个人社交媒体推特主页上的个人简介改成了“#bitcoin（比特币）”之后，比特币当日涨幅超过 16%，价格超过 38000 美元，成交额达到 1178.95 亿美元。

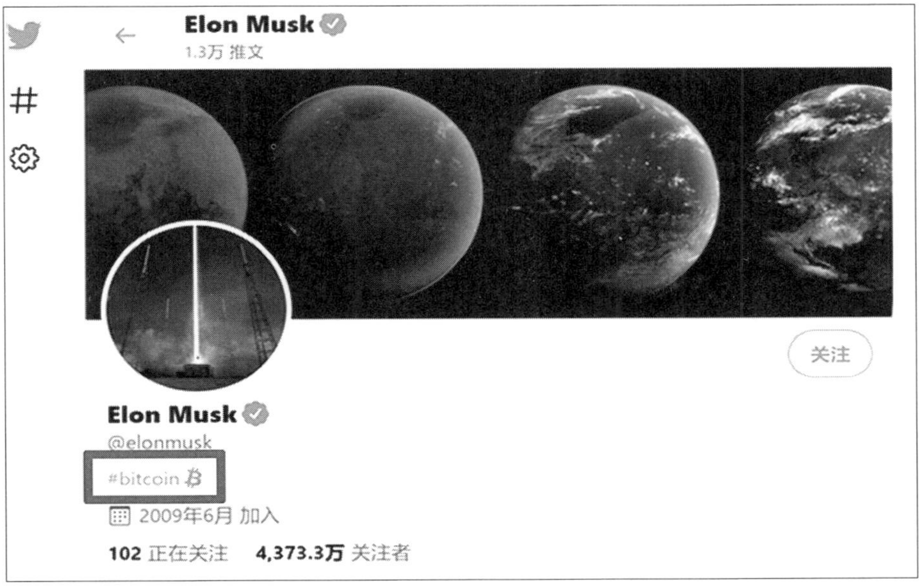

图 1-2　2021 年 1 月马斯克将个人签名改为“Bitcoin”

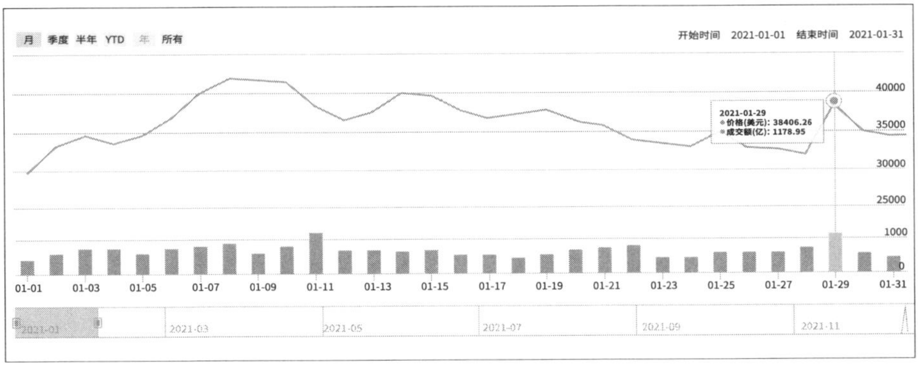

图 1-3　2021 年 1 月 29 日比特币价格走势图

2021 年 2 月 1 日，马斯克在受到全美知名社交新闻媒体 Clubhouse 专访时提出，比特币是一个好事物，自己也会坚定地支持比特币。

同时，马斯克坦陈在比特币的盛宴中自己姗姗来迟，如果有重新选择的机会，自己应该在八年前或者更早的时候就投资比特币。

一周后，特斯拉在一份公开文件中宣布公司已购入了价值约 15 亿美元的比特币，并且会在未来持续购买和拥有更多数量的数字资产。比特币当天价格从 39621 美元飙升至 46203 美元，涨幅为 14.2%。

同时，特斯拉也宣布希望消费者能支付比特币购买旗下产品。消息宣布的当天，比特币应声高涨至 56563.72 美元。24 小时内成交量为 753.9 亿美元，市值达 1.04 万亿美元。

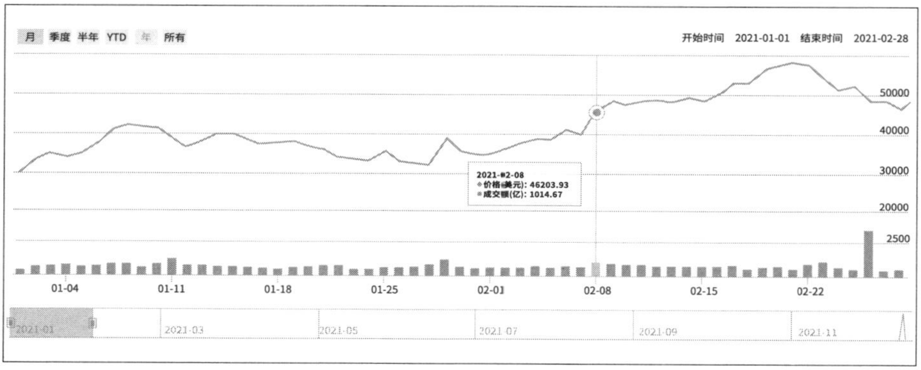

图 1-4　2021 年 2 月 8 日比特币走势图

2021 年 2 月下旬的一天，马斯克将其个人社交账号推特的账户头像变更为一个怀抱比特币符号的动漫角色，并同时连发了两篇推文表示，“只一天，我只想点燃你心中的火焰”。

当日下午 3 时左右，马斯克再度发布推文表示，比特币和以太坊价格似乎都“很高”。

2021 年 5 月 9 日，马斯克在参加一档全美著名综艺节目《周六夜现场》中，禁不住节目主持人的连番逼问，终于承认狗狗币其实是“骗局”。这一消息迅速大肆传播引发市场慌乱，狗狗币价格应声大跌 40%。

2. 狗狗币得罪了谁？

上文所说的狗狗币，即 Dogecoin，是主要由美籍 Adobe 企业悉尼品牌和市场营销部门的 Jackson Palmer 与美籍俄勒冈州波特兰市程序员 Billy Markus 合作创造的电子货币。

来自南北半球的两人结缘于一次偶然。

长期致力于研究电子货币的 Jackson 偶然看到 Doge 这一形象后产生灵感，把 Doge 和电子货币结合在一起，并发布推文宣布：投资 Dogecoin 是下一个大机遇。这一消息得到大批网友的热烈回复和鼓励。

一周后 Jackson 便拿下了 Dogecoin.com 的域名，收录在 Reddit[①]。无独有偶，在美国的 Billy 偶尔间知道了 Dogecoin.com 这个网站，正好契合了他一直想创造自己的电子货币的愿望。

于是，二人取得联系后一拍即合，在 Jackson 发布推文后的一个月内，正式诞生了 Dogecoin，也就是现在为人熟知的狗狗币。

狗狗币在随后的两个星期迅速拥有了专属的博客和论坛，总市值一跃超过了 800 万美元，成了全球第七大电子货币。

与比特币不同的是，狗狗币的交易过程比比特币更加快捷方便，数量更多，流通性更好，还有慈善文化背景加持。

例如，当牙买加雪橇队由于经费不足而可能无法参与 2014 年索契冬奥会的比赛时，狗狗币社区发起了一场“圆梦行动”，为牙买加雪橇队筹集资金参与冬奥会。

① 据百度百科显示，Reddit是一个社交新闻站点，其拥有者是Condé Nast Digital公司（Advance Magazine Publishers Inc的子公司）。

除此之外，狗狗币还赞助跑车 Doge，助力其在赛事中挺进前 20 强；狗狗币还做了救助肿瘤病人、援助山体滑坡受害人、关注动物保护协会等一系列慈善活动。这些社会活动都为狗狗币带来了慈善方面的有利名声。

图 1-5　TradingView 的数据跟踪了马斯克随时间推移对 Doge 价格的影响

然而，正当狗狗币风头正盛之时，马斯克却在 2021 年 5 月 13 日突然宣布，特斯拉已叫停鼓励客户使用比特币购买特斯拉车的计划。

受此消息影响，比特币价格在消息发布后仅用 40 分钟左右完成大跳水，暴跌超过 3000 美元，跌幅逼近 6%，最低点则一度跌至 5.16 万美元。

就在特斯拉取消接受比特币作为购车货币的消息发布的第二天，马斯克又发推特宣布："他正在与狗狗币的开发人员沟通合作，以提升系统交易效率。"该推文又让狗狗币随即大涨，在 24 小时内涨幅高达 10.4%。

2021 年 7 月 21 日，马斯克在参会发言时表示"支持利用核能"。当时，他在谈到挖掘比特币的可持续性问题时表示，"我认为，现代核电站是安全的，与人们的想法可能相反"。当天比特币开启超跌反弹，从 29278 美元开始一路上涨。

图 1-6　马斯克的推文造成比特币价格大幅下跌

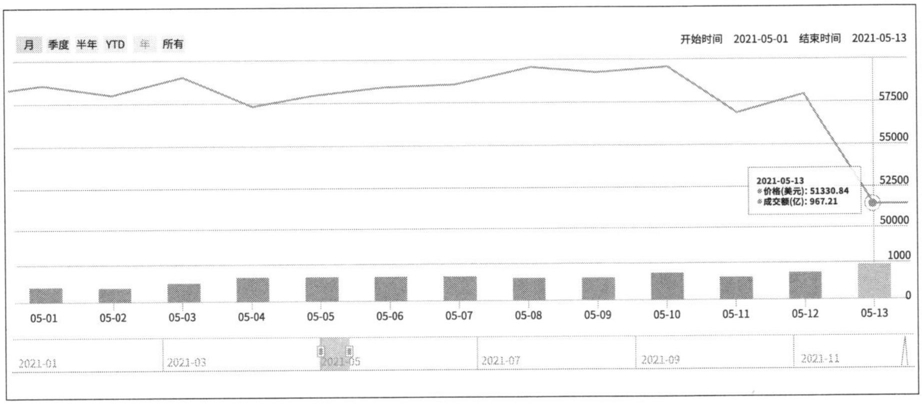

图 1-7　2021 年 5 月 13 日比特币价格走势图

2021 年 7 月 29 日，马斯克在 Twitter 上表示，特斯拉持有的比特币已经“接近”14.7 亿美元。当天比特币已涨到近 4 万美元。

2021年8月25日，有媒体报道，马斯克在一次会议上表示，在完成对用于比特币挖矿的可再生能源体量的尽调后，特斯拉很可能会重新开始接受比特币作为支付方式。

作为前世界首富、万众韭菜心中的精神教父，马斯克翻云覆雨地“喊单”，在造成无数人倾家荡产的同时，自己赚得盆满钵满。参与市值管理的私募大V叶飞、涉嫌微博操纵公司股价的三夫户外董事易伟直呼内行。

这一次，马斯克还表示：

“我希望进行更多的尽调，以确认可再生能源使用率有可能达到或超过50%，且这一比例有增加的趋势。如果是这样的话，特斯拉将恢复接受比特币付款。”（意思是，我要开始打脸了，但我需要一个理由。）

“特斯拉的使命是加速可持续能源时代的到来。我们不能既这么做，同时却不在比特币的能源使用方面做适当调查。”（我是一个有社会责任感的人，我现在很严肃，我没笑。）

“我可能会推高价格，但我不会逢高卖出，我绝对不相信把价格炒高然后抛掉……我希望看到比特币成功。”（老铁们信我，比特币要涨，跟单就完事。）

这个表态，与5月13日，马斯克宣布特斯拉拒绝比特币支付时的说法，大相径庭，可谓“我杀了我自己”。

2022年1月14日，马斯克又在社交媒体宣布：特斯拉商品开始接受狗狗币购买。

在同一时间，特斯拉北美官网的部分商品已经可以支持狗狗币支付。包括“Cyberwhistle 哨子”“Cyberquad for Kids 儿童摩托”和“Giga Texas Belt Buckle 皮带扣”。售价从300枚Dogecoin至12020枚Dogecoin。

图 1-8　马斯克发文截图

受此消息影响，狗狗币当日内短线上扬，日内涨幅扩大至 20%，现涨超 15%。

由此可见，比特币与狗狗币波澜起伏的价格都跟马斯克的言论有很大关系。马斯克到底是怎样的一个人？

我们先来回顾一下马斯克的野蛮成长史，以便更好地看看这个世界首富兼科技网红是如何在币圈翻手为云覆手为雨的。

3. 马斯克创业简史

埃隆·马斯克于 1971 年出生于南非首府比勒陀利亚。1980 年，他得到了人生第一台型号为 Commodore VIRC-20 型的电脑。1984 年，他编程的游戏代码在南非刊物上发表，这也是他首次走进公众视野。

1989 年，马斯克逃离了南非联邦，并进入加拿大安大略省金斯顿的皇后学院开始了他的校园生涯。三年后他转学到了美国宾夕法尼亚大学，主修经济学与物理双学位。又过了三年，马斯克成立了他的第一家公司——在线内容出版软件 Zip2。该公司于 1999 年被康柏（Compaq）耗资 3.07 亿美元买下。

图 1-9　狗狗币的走势图

同年三月，马斯克又创办了一个金融初创公司 X.com。2001 年，X.com 和 Confinity 合并成 Paypal，马斯克担任合并后公司的最大股东。

一年后，马斯克又创办了宇宙探索科技有限公司 Space X。2004 年，马斯克投资成立了特斯拉，进军电动汽车行业。

2006 年，马斯克在其参与创立和投资的太阳城（SolarCity）公司担任大股东。

2008 年，Space X 公司制造出了首枚运载火箭，并四次升空成功，其生产制造的运载火箭顺利地将物体送入宇宙。

2012 年，特斯拉 Model S 取得巨大的成功，特斯拉开始盈利，股价持续上涨。

从 2020 开始，特斯拉话题不断，从股价攀升、降价、减配、“团购门”“失控”，到被曝“乱象”丛生，人们对特斯拉的关注热度就像对待一个娱乐明星一样始终居高不下。与此同时，特斯拉在汽车领域也是风光无限。

公开数据可查，特斯拉股价从 2020 年开始飙升了十多倍，至 2022 年 5 月 4 日最高市值曾突破了 9869 亿美元（约合人民币 6.6 万亿元），这一市值超过了包括大众、丰田、日产、现代、普通、福特、本田、菲亚特克莱斯勒，还有标致九大传统汽车厂商的市值总和。

2020 年 12 月 21 日，特斯拉股票宣布将加入标普 500 指数，加入该指数后，特斯拉成为全美仅次于苹果集团、微软、亚马逊和 Facebook 的第五家科技巨头，在该指数中占有 1.69% 的权重。

2021 年，特斯拉助力马斯克在年初成功登顶了全球首富的宝座。他的言论也自然引起人们的广泛关注。

不过，在人类的认知偏差中，有一种“权威—错误影响倾向”，由于人类天生就有追随领袖的倾向，如果大众错误地理解权威人物的言论会造成人们认知错误，也可能会造成不可估量的后果。

从比特币到狗狗币的暴涨暴跌的结果来看，很多时候是由于人们被马斯克这一权威人物的言论所左右，引发市场情绪“失控”，导致这两种虚拟货币的价格产生巨大的波动，尤其是当马斯克在一档节目中说狗狗币是骗局后，狗狗币竟暴跌 40%，这其实就是人们“迷信权威”最好的例证。

权威人士对比特币、狗狗币等货币虚拟有着非常重要的影响，在现实中，还有一股非常重要的力量会对数字货币产生“致命性”的影响，那就是各国政府对它们的态度。

三、举棋难定：中国、美国、俄罗斯等多国的围剿

从宏观来看，比特币的涨跌还受制于各国政府，特别是中、美等大国以央行为代表的政府机构对它的态度。

我们回放这十三年来各国央行对比特币的政策，从开始的不闻不问，到关注，到急欲掌控甚至扼杀，到深入研究（比如，中国人民银行早在 2014 年就成立了专门的研究团队，于 2017 年 1 月 29 日成立了数字货币研究所）、学习、模仿、创新（中国已开始发行数字人民币）。

各国央行对比特币的态度可以说是爱恨交加、举棋难定。

总体而言，虽然大家都不约而同地认同区块链的技术，并相继在供应链金融、贸易、存证、法币数字货币等方面投入应用，但对总想确定性地把握一切的各国央行来说，他们对区块链之母——比特币的态度是不太友好的。

1.2021 年各国央行“围剿”比特币一览

中国、美国、俄罗斯等国家都发布了相应的禁令，对比特币进行了不同程度的“围剿”。

2021 年 3 月 17 日，俄罗斯联邦总统弗拉基米尔 · 普京在总检察官办公室大会上，强调了要出台更多举措以严厉打击大数字金融资产及非法跨国贸易活动的必要性。在大会上普京认为，数字财务资产的犯罪行为越来越多，当局要格外小心，防止数字财务资产的非法跨国转让。普京命令当地执法机关和联邦金融服务监管局采取相应的举措。

2021 年 3 月 31 日，日本金融厅（Financial Services Agency）宣布，在 2022 年 4 月前开始对该国加密数字货币行业实施金融行动特别工作组数据转移规则（FATF Travel Rule），以打击洗钱。

2021 年 5 月 20 日，美国财政部表示，将采取打击加密数字货币市场和交易，并表示必须按要求向美国国税局报送一切价值 1 万美元或以上的转账。消息被宣布之后不久，比特币逆转了走势，最后一次上涨了 1.6%。

2021 年 5 月 21 日，中国国务院金融稳定发展委员会（下称“金融委”），举行第五十一次全体会议。会上特别强调，坚决打压利用比特币挖矿和交易的活动，切实防范个别经营风险进一步向社会领域传递。消息发布后，币市应声震荡，比特币价格瞬间跌破了 38000 美元，在 24 小时内下跌了 9.05%。

2021 年 5 月 21 日，香港财库局宣布建立虚拟资产服务提供商发牌制度的咨询结果，咨询总结文件于当天公布，文件称大多数意见支持应为虚拟资产交易所制定发牌制度。

2021 年 5 月 26 日，内蒙古自治区发展和改革委员会在其官网上发布《关于坚决打击惩戒虚拟货币“挖矿”行为八项措施（征求意见稿）》。当天下午 4 点，根据火币平台的报价显示，比特币物价已上涨逾 5%，重回 40000 美元关口，而以太坊则上涨近 10%，高达 2860 美元。

2021 年 5 月 28 日，韩国当局命令韩国金融监督局（FSS）努力严格监督韩国正在扩大的加密货币市场，命令该组织除继续密切监测之前已出台的金融监管措施的落实状况外，还要继续对加密货币交易中的获利部分征收所得税。如果次年赚取了 2500 万韩元（约 22400 美元）或更多的加密货币投资者，将被要求征收 20% 的所得税费用。

2021 年 6 月 9 日，新疆维吾尔自治区昌吉州发展和改革委员会发布《关于立即对虚拟货币挖矿行为企业进行停产整顿的通知》，要求所有开展虚拟“挖矿”的公司需在 6 月 9 日 14 时前全面停工整改，并将公司的停工整改情况上报至昌吉州发展和改革委员会。

2021年6月9日，青海省工业和信息化厅下发《关于对虚拟货币“挖矿”项目开展清理整顿工作的通知》，并对有关虚拟货币挖矿行为开展清理整顿。

结果是，中国矿池的哈希率在24小时内下降了11%到30%。同样，火币和币安等知名交易所运营的其他矿池也出现了10%的下降。

2021年6月9日下午，南美国家萨尔瓦多以六十二票对二十二票的“绝对多数”选票成功通过立法，让比特币在当地变成了法定钱币。萨尔瓦多也变成了当今世界上第一个给予数字货币合法地位的国度。或受此消息影响，比特币价格大涨超4000美元，最高达到3.7万美元。

2021年6月16日，萨尔瓦多财政部部长塞拉亚在宣布，萨尔瓦多已向世界银行谋求技术援助，请其支持该国实现以比特币作为官方币种。然而世界银行则表示拒绝这一请求，指出萨尔瓦多在环境和透明度等方面存在缺陷和问题。

在随后的五天，比特币由41300美元急跌至32300美元，价格跌幅21.79%。

2021年6月18日，根据《四川省发展和改革委员会、四川省能源局关于清理关停虚拟货币“挖矿”项目的通知》的公告要求，在四川境内从事关于虚拟货币“挖矿”的各发电公司，必须于6月20日前进行甄别清理及关停工作。截至北京时间6月20日下午4点，根据Coinbase数据，一枚比特币的价格约报35622美元，基本维持在5月大跌后的水平。

2021年6月21日，中国人民银行约谈了工商银行和支付宝（中国）网络技术有限公司等部分银行及支付机构。随后，各大银行及支付机构纷纷响应，并表明“坚决不开展、不参与任何与虚拟货币相关的业务活动”。比特币一度跌至每枚29000美元以下，24小时累跌约12%，抹去今年涨幅，随后持续反弹，站上33000美元/枚。

2021 年 6 月 23 日，加密货币跌势扭转。隔夜比特币价格持续反弹，短线上涨接近 1200 美元，达到每枚 34000 美元，涨幅扩大至 4.2%。而加密货币以太坊也随之重回 2000 美元 / 枚，较前 24 小时的低点大涨将近 300 美元，涨幅扩大至 6.2%。

2021 年 9 月 7 日，就在萨尔瓦多国会 6 月份通过赋予比特币法定货币地位的法案生效，萨尔瓦多由此成为世界上第一个采用比特币作为法定货币的国家。

在这个重大利好落地的当天，俄罗斯表示不准备承认比特币，世界银行也表示鉴于环境和透明度方面的缺陷，它不能向萨尔瓦多提供比特币援助。

当天，比特币价格突然闪崩，在 1 个多小时内，从 50000 美元左右的价格，一度跌至 42830 美元的低点，跌幅超 7000 美元，日内跌幅达 18.73%。其他加密货币也纷纷大跌。

虽然 2019 年下半年，国家发展和改革委员会把比特币挖矿从限制类的产业目录，改移到了支持类的产业目录。中国证监会副主席姜洋也考察了矿机生产企业——杭州嘉楠耘智，一些企业纷纷响应号召购买矿机挖矿。

但仅仅时隔两年，2021 年 9 月 3 日，国家发展和改革委员会出台了《关于整治虚拟货币“挖矿”活动的通知》，2021 年 9 月 15 日，中国人民银行等十部门出台《关于进一步防范和处置虚拟货币交易炒作风险的通知》，进一步明确虚拟货币及相关虚拟货币活动的属性，明确了应对虚拟货币交易炒作风险的工作机制，并提出加强对虚拟货币交易炒作风险的监测。多部门联合打击整治比特币挖矿活动。

但 2022 年 2 月 14 日，浙江省发展和改革委员会发布《关于虚拟货币挖矿用电实行差别电价政策有关事项的通知》。据通知内容显示，为整治虚拟货币挖矿活动，深入推进节能减排，助力如期实现“碳达峰”“碳中和”目标，浙江省内虚拟货币挖矿用电将实行差别电价，加价标准为每千瓦时 0.50 元。

此外，浙江省发展和改革委员会同时要求各级发展改革部门要加强对虚拟货币挖矿用电的动态甄别工作，针对同一电力用户，若存在虚拟货币挖矿用电与其他用电混用的，其全部用电量将执行差别电价政策。

政策执行时间不足一个抄表周期的，可按对应抄表周期内日平均用电量乘以应执行差别电价政策的天数确定。

2022 年 1 月，内蒙古自治区也出台了类似政策，对虚拟货币“挖矿”项目用电实行差别电价。将虚拟货币“挖矿”项目纳入差别电价政策实施范围，执行“淘汰类”企业电价，加价标准为每千瓦时 1 元。

贵州省、四川省也出台了类似政策。这是否意味着加电费就相对“合法”了呢？这么高的电费即使挖也是亏损的，同时差价也给相关权力机构留下了巨大的寻租空间。

产生的实际结果是中国原本占全球 75.5% 的比特币挖矿算力大部分流向美国和哈萨克斯坦，比特币于 2021 年 9 月 21 日最低跌破 4 万美元。

进入 2022 年后，比特币价格继续波涛汹涌，在 3.4 万 ~4.8 万美元区间持续震荡，3 月 29 日，比特币的价格曾短暂地站上 4.7 万美元，随后又一路走低，至 5 月 5 日，价格为 3.97 万美元。

笔者认为，虽然参与者颇多，特别近两年很多机构参与。这些大户购入价较高，有助于平缓比特币挖币减半的四年周期波动。

但完全抹平是不可能的，加上美元加息一波紧似一波，所以，我们可以认为比特币自 2021 年 11 月最高价 6.9 万美元回落后，已进入四年一度的熊市周期。底部可能在 2022 年底或 2023 年初出现，价格甚至可能破 1.5 万美元。

2. 态度决定一切

从目前来看，所有国家的政府对区块链技术，不管是主动还是被动，是情愿还是不情愿，都是接受和认同的。他们都认为区块链可能在社会治理、经济管控、产品溯源、防伪、国际贸易与金融、法币数字化、存证等方面发挥积极作用。

对比特币的认识则不尽相同，大多数国家政府都认为挖比特币耗能，不利于实现“碳中和”的目标，无效地消耗社会资源。有的人还明确地提出了追求无 Token 的理念，实际上也就是无激励的区块链技术。

不过，对借 ICO 之名，实为非法集资和诈骗的山寨币，几乎所有国家都对它们持否定态度。

笔者原以为 ICO 山寨币主要危害追逐潮流的一二线城市。最近，笔者才从朋友转述的身边血淋淋的众多案例知道，骗子们早已把魔爪伸向了地县乃至乡镇，他们以各种新奇的山寨币、挖矿基金、云挖矿的新概念，背地里却是种种令人眼花缭乱的行骗手段，害得很多民营企业家和个人家破人亡。

而且由于法律对虚拟货币集资等有很多空白点，所以，被骗的人也难以申冤止损。

所以，我国政府严令禁止 ICO 是正确的，可以保护普通民众，免于被“割韭菜”。

但我们也不能一朝被蛇咬，三年怕井绳。而应解放思想，与时俱进地把握监管政策，抓紧以区块链技术为基础的数字经济的发展及弯道超车的机会。

正如 2022 年 1 月 16 日《求是》杂志第二期重要文章所指出的那样，我们首先应该明确“发展数字经济是把握新一轮科技革命和产业变革新机遇的战略选择”！

无论是鬼迷心窍的云星途，还是在币圈“呼风唤雨”的马斯克，抑或是对比特币持否定态度的国家，如谜一般存在的比特币在现实世界中，的确是一个独特的存在，目前我们可能还无法精准地预判它的未来。“但不管比特币的命运如何，它先进的加密技术、分布式体系结构和其他关键技术都将在互联网时代的数字货币生态系统发展中发挥重要作用。”也许《从比特币到火人节及其他：探求数字化社会的身份与自治》的作者约翰·克利平格这样说是对的。

2

Bitcoin

第二章
比特币的 13 年（2009—2022 年）

数字货币可能有美好的未来，尤其是如果这个创新可以让支付系统更快速，更安全，也更有效率。

——本 · 伯南克　美国联邦储备委员会前主席

一、比特币的诞生（2009 年 1 月 3 日）

科技、金融、政治、人文以及学科发展前沿等因素共同催生了比特币的诞生。

1988 年 6 月，邓小平根据当代科学技术发展的趋势和现状，在全国科学大会上提出了“科学技术是第一生产力”的论断。

邓小平提出的“科学技术是第一生产力”这一论断在 19 世纪中叶已经在发达国家得到证实，主要标志就是 1946 年 2 月 14 日第一台计算机的诞生。

1969 年，互联网始于美国的阿帕网。随着互联网的发展，实现了全球计算机的互联。

Web1.0 信息浏览、Web2.0 电子商务、Web3.0 元宇宙等技术的发展，为比特币的诞生提供了硬件环境。它们让我们离实现地球村的伟大构想更近一步。

全球的政治气候、经济环境、自然环境、人文素养等因素，迫切需要我们人类和谐相处，共同努力，共建共享人类命运共同体。这为比特币的诞生提供了人文环境。

像中本聪这样的科学家为实现全球命运共同体、建立一种互信机制一直在不断地努力。科学无国界，知识无国界，在互联网的加持下，有共识的“极客”共智共融共为，敢为天下先，为比特币的诞生提供了各学科的技术保障，比如密码学、数学、加密技术、计算机技术、政治、哲学等。

2008 年的金融危机点燃了比特币诞生的导火索，中本聪发表了《比特币：一种点对点式的电子现金系统》（*Bitcoin: A Peer-to-Peer Electronic Cash System*）的论文，2009 年 1 月 3 日，开发出首个实现了比特币算法的客户端程序并进行了首次“采矿”（mining），采矿者称为矿工，挖出来的矿叫区块，获得了第一批的 50 个比特币作为挖矿奖励，即为付出的算力与电力的薪资，这也标志着比特币金融体系的首次出现。

使我们在地球村里的生活有了第一个基于纯数学的信任机制，得到了去中心的数字金融保障。

这里必须简单说明一下为什么具有信任机制呢？

第一，它是去中心化的方式，没有第三方信用中介；

第二，点对点的传输，让交易双方直接交易；

第三，分布式的数据存储，确保交易数据不被任何一个中心所控制；

第四，每次交易都有独一无二的标签，被称为时间戳，并且按交易时间排列，防止双重支付；

第五，单向的加密算法，保证任何一个节点不能单方面修改交易信息，更加符合契约精神；

第六，没有固定的发行方，但总的数量恒定，不是无限额产生的。

比特币从第一批 50 枚，到 2140 年结束，共计数量是 2100 万枚。从 2009 年 1 月 3 日到 2012 年 11 月 28 日，每个区块获得 50 枚比特币；从 2012 年 11 月 28 日到 2016 年 7 月 10 日，每个区块获得 25 枚比特币；从 2016 年 7 月 10 日到 2020 年 5 月 12 日，每个区块获得 12.5 枚比特币。按照这样减半下去，大概减半 32 回之后，也就是大约在 2140 年，接近 0 个比特币，最终到 2140 年，所有的比特币将最终全部进入市场。

二、比特币的第一次实物交易

基于信任机制，地球村里第一笔交易终于诞生了。

比特币诞生于 2009 年 1 月 3 日，但比特币广泛意义上的第一笔交易却发生在一年后。

2010 年 5 月 18 日，佛罗里达一位名叫 Laszlo Hanyecz 的程序员在比特币论坛 BitcoinTalk 上发帖声称：“我可以付一万枚比特币来购买几个比萨，大概两个大的就够了，这样我可以吃一个，然后留一个明天吃。你可以自己做比萨也可以在外面订外卖然后送到我的住址。”

这名程序员甚至还对自己的口味偏好做了要求：“我喜欢洋葱、辣椒、香肠、蘑菇、西红柿、意大利辣香肠等食材，只加一些平常的食材就可以，不要什么奇怪的鱼类或者其他乱七八糟的东西。最好再来点芝心，虽然这样不便宜。”

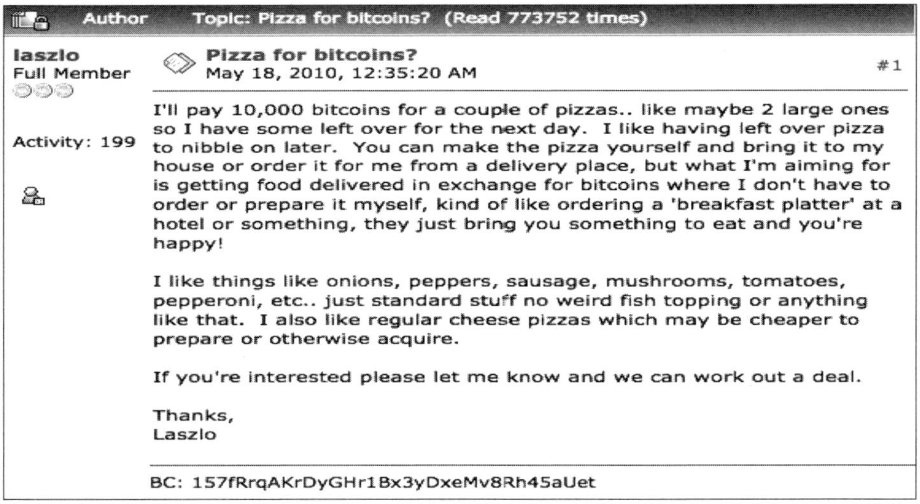
Author Topic: Pizza for bitcoins? (Read 773752 times)

laszlo
Full Member

Activity: 199

Pizza for bitcoins?
May 18, 2010, 12:35:20 AM #1

I'll pay 10,000 bitcoins for a couple of pizzas.. like maybe 2 large ones so I have some left over for the next day. I like having left over pizza to nibble on later. You can make the pizza yourself and bring it to my house or order it for me from a delivery place, but what I'm aiming for is getting food delivered in exchange for bitcoins where I don't have to order or prepare it myself, kind of like ordering a 'breakfast platter' at a hotel or something, they just bring you something to eat and you're happy!

I like things like onions, peppers, sausage, mushrooms, tomatoes, pepperoni, etc.. just standard stuff no weird fish topping or anything like that. I also like regular cheese pizzas which may be cheaper to prepare or otherwise acquire.

If you're interested please let me know and we can work out a deal.

Thanks,
Laszlo

BC: 157fRrqAKrDyGHr1Bx3yDxeMv8Rh45aUet

图 2-1　比特币换比萨的邮件截图

比特币作为真正意义上的数字货币，初创时期，它的交易仅限于在中本聪创建的博客社区里一些极客之间的交易，并没有出现线下的实物交易。当在美国发生了这一次交易之后，同一时期远在大西洋彼岸的英国也发生了第一次线下交易。

2010 年 5 月 22 日，一位英国加密货币爱好者，为了想得到传说中的比特币，居然花了 25 美元帮另一个名叫 Laszlo Hanyecz 买到了两块比萨，并成功获得了一万枚比特币。

比特币交换了两个比萨的故事，首次打开了加密货币完成支付的历史性大门，因此这一天也被大家定为“比特币比萨日”。

相信 2010 年 5 月会成为比特币线下实物交易的纪念月。事隔十余年，比特币的拥有及信仰者已高达数千万，市值也在 2021 年多次突破万亿美元。也许在不久的将来，它会成为更为普及的数字资产。

三、风云际会 13 年

13 年，虽只是历史长河中的一瞬间，比特币却从无到有经历了精彩纷呈、跌宕起伏的发展路程。

1.13 年间的风云往事

2009 年 1 月 3 日，中本聪在芬兰赫尔辛基的一台小型服务器上挖出了比特币的第一个区块——创世区块（Genesis Block），并获得了“首矿”奖励——50 枚比特币。这意味着比特币正式诞生了。

2010 年 2 月 6 日，第一个比特币交易平台创立，Bitcoin Market 由比特币论坛 BitcoinTalk 的用户“dwdollar”创建，是世界上第一个比特币交易所。

2010 年 5 月，被命名为“比特币比萨月”。比特币第一次被当成数字货币进行线下实物交易。

2010 年 7 月 11 日，比特币被著名的新闻网站 Slashdot 报道，比特币用户数量急速增长；5 天后比特币的价格从 0.008 美元升值至 0.08 美元，价格上涨了 10 倍，第一次价格的剧烈波动，显示新生事物的崛起。

2011 年 2 月 9 日，比特币价格首次达到 1 美元，与美元等价。此消息被媒体大肆宣扬后引来了许多比特币新用户。

此后 2 个月中，比特币与英镑、巴西雷亚尔、波兰兹罗提的互兑交易平台先后开张。

随着交易平台 Mt.Gox 和暗网丝绸之路的推动，比特币市值最高达到 2.06 亿美元，但这一年发生很多恶性事件，市值一度回落。

2012 年 9 月 15 日，伦敦比特币会议召开，此时比特币价格为 11.8 美元。

2012 年 9 月 27 日，第一个比特币基金会创立。此基金会是一家美国非营利性组织，其宗旨是为比特币保驾护航，让更多人产生共识。其创始会员分别是：比特币创始人中本聪、比特币开发者 Gavin Andresen、CoinLab 首席执行官 PeterVessenes、BitInstant 首席执行官 CharlesShrem、MemoryDealers 首席执行官 RogerVer、Engage Legal 负责人 Patrick Murck、Mt.Gox 首席执行官 Mark Karpeles。它跟比特币一样，也是去中心化的，其成员分布在华盛顿、西班牙、西雅图、澳大利亚等多个地区。2014 年，由于 Mt.Gox 交易所事件，导致此基金会名存实亡。

2013 年 3 月，塞浦路斯经济危机爆发，宣布向全国银行所有 10 万欧元以下的储户一次性征收 6.75% 存款税，10 万欧元以上的储户征收 9.9% 税费，为防止资本外逃，塞浦路斯国内银行均被关闭。

这一事件在全球引起轩然大波，并引起人们对国家信用背书的强烈质疑，也迫使许多人寻求新的资金出路。

比特币再次进入了人们的视野，比特币自动取款机的出现火速催涨了比特币的价格。2013 年 3 月 5 日，比特币的价值大约为 40 美元，月底便飙升至 92 美元，一周之后，上涨至 266 美元。

暴涨之后往往会出现暴跌。此次下跌的影响持续了 3 个月左右。同年 6 月，因美国国土安全部冻结 Mt.Gox 美国银行账号，比特币价格再次跌至 70 美元左右。

2013 年 11 月，比特币在热门比特币交易所门头沟 Mt.Gox 的交易价格创下 1242 美元的历史新高，而同时黄金价格为一盎司 1241.98 美元，比特币价格首次超过黄金。

2013 年 12 月 5 日，中国央行联合五部委下发通知监管比特币，比特币快速大跌至 1000 美元附近，随后一段时间比特币继续大跌，一度跌至 500 美元以下。

2014 年 1 月至 2 月，Mt.Gox 比特币交易所遇到了前所未有的危机，这一平台上有 744408 个比特币丢失。2 月 10 日上午 10 点，比特币价格闪电般跌至 102 美元，跌幅 80%。当天下午，Mt.Gox 发布声明表示，比特币挖矿和协议机制存在根本缺陷，因此出现用户故障、提现延时和失败的情况。2 月 25 日，Mt.Gox 因无法弥补客户损失而申请破产保护。

2015 年 1 月中旬，比特币价格跌至 152 美元的低点。经过长时间持续的大幅调整之后，价格开始台阶式攀升。10 月底，比特币价格回升至 500 美元。

2016 年，比特币市场迎来巨大变化，内部变化是年产量开始收缩，外部变化是英国脱欧、美国大选、亚洲投资者激增等事件，价格持续上涨，同年 12 月，比特币突破 1000 美元。一度创造了 160% 的惊人涨幅。

2017 年 3 月 25 日，比特币价格从低点 891 美元开始，价格突飞猛进，在 6 月达到历史新高 2980 美元，是黄金价格的 2 倍多。9 月 4 日，因为 ICO 的搅局，中国人民银行等七部门发布《关于防范代币发行融资风险的公告》，要求国内数字货币交易所于 10 月底全部关门。

2017 年 12 月 19 日，比特币涨到此轮周期的最高点 1.97 万美元。随后大幅跌落。

2018 年，对于比特币用户和区块链来说都是艰难的一年，币价下跌，横盘反复。

2019 年初，比特币跌至 3000 美元左右，很多山寨币则完全归零，以太坊跌幅更深，比特币分叉后也衍生出了比特币现金、比特币钻石等分叉币，但势头始终不如比特币。2019 年下半年，比特币再次高达 1.5 万美元以上。

2020 年，对于投资者来说，注定是动荡的一年。受新冠肺炎疫情蔓延、地缘政治冲突以及宽松货币政策等多方面影响，但年底埃隆马斯克高调进场又带动了比特币的反弹和持续高升，至 2020 年底达到了 2.9 万美元。

2021 年，比特币首次突破 6.9 万美元，续创历史新高。

2022 年 1 月 3 日，比特币网络创世区块链 13 周年。比特币倡导者 Max Keizer 表示，2021 年中国的采矿禁令只是暂时的小问题，萨尔瓦多的比特币革命将在那里扩大并使法定货币的地位不再牢固。

但比特币的价格从 2022 年初的 4.7 万美元跌到 1 月底的 3.5 万美元，3 月底在上摸 4.7 万美元后再次下跌，至 4 月 27 日价格回落至 3.8 万美元。至 6 月 26 日，价格在月中跌破 2 万美元后，又回到了 2.15 万美元。笔者预计，2022 年底或 2023 年初，甚至可能会跌破 1.5 万美元。

以上就是比特币在过去 13 年里发生的重要大事。接下来，我们将重点回顾这期间比特币的价格走势情况，以便从价格涨跌的维度探究比特币的本质。

2. 过山车般的走势

在资产类别中，比特币的交易历史最为动荡。它的第一次大幅涨价发生在 2010 年，当时单个比特币的价值从几分之一美分跃升至 0.09 美元。

自推出以来，经历了多次反弹和崩盘，交易历史起伏不定。比特币的价格经常在其短暂的历史中大幅上涨和下跌。

作为一种资产类别，比特币随着影响其价格的因素不断发展。

虽然它仍然是一种加密数字货币，但它也提供了一种存储价值、对冲通胀和市场不确定性的方式，并允许投资者在其投资组合中接触加密数字货币。

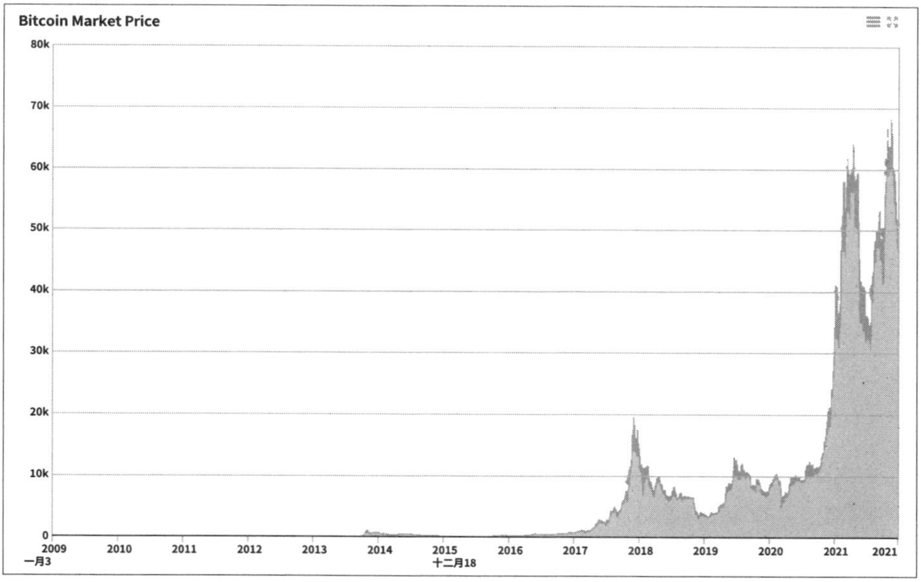

图 2-2　比特币 2013—2021 年价格走势

（1）2009—2015 年。

比特币在 2009 年推出时的价格为零。2010 年 7 月 17 日，其价格跃升至 0.09 美元。随后在 2011 年 4 月 13 日再次上涨，从 3 月初的 1 美元到 2011 年 6 月 7 日的峰值 29.60 美元，三个月内上涨了 2960%。

随后加密货币市场急剧衰退，比特币的价格在11月中旬触底至2.05美元。次年，其价格从5月9日的4.85美元上涨至8月15日的13.50美元。

2012年被证明是比特币总体平静的一年，但2013年见证了价格的强劲上涨。年初的交易价格为13.28美元，并在4月8日达到了230美元；随后其价格也同样迅速减速，几周后的7月4日价格降至68.50美元。

10月初，比特币的交易价格为123美元；到12月，它已飙升至1237.55美元，三天后跌至687.02美元。比特币的价格下跌至2014年，并在2015年跌至315.21美元。

（2）2016—2020年。

比特币的价格在2016年缓慢攀升至900美元以上。2017年，价格在1000美元左右徘徊，直到5月中旬突破2000美元，然后在12月15日飙升至19345.49美元。当时主流投资者、政府、经济学家和科学家注意到，其他机构已经开始开发加密货币与比特币竞争。

受监管与舆论影响，比特币的价格在接下来的两年里反复波动。比如，2019年6月价格和交易量出现回升，6月22日价格超过10000美元。6月26日趋近14000美元，7月2日又跌至9820美元。然而同年12月中旬，价格跌至6635.84美元。

2020年，由于新冠肺炎病毒大流行，边境封锁经济停摆导致比特币的价格再次活跃起来。

各国疫情期间的政策加剧了投资者对全球经济的担忧，3月13日，比特币从前几日的上万美元急跌至3800美元左右。

5月12日，比特币挖矿再次减半至每十分钟挖出12.5个比特币。此时比特币价格回弹至6000美元左右，随后加速了比特币持续上涨。

11月23日收盘时，比特币的交易价格为19157.16美元。

比特币的价格在 2020 年 12 月达到 29000 美元左右，比当年年初上涨了 416%。

（3）2021 年至今。

比特币在 2021 年用了不到一个月的时间就打破了 2020 年的价格纪录，到 2021 年 1 月 7 日超过了 40000 美元。

到 4 月中旬，随着加密货币交易所 Coinbase 的上市，比特币价格创下历史新高，超过 60000 美元。机构利益进一步推动其价格上涨，比特币在 2021 年 4 月 12 日达到了超过 63000 美元的峰值。

4 月，比特币价格从年初的 2.9 万美元不断上涨，在上摸 6.3 万美元之后，4 月 18 日急跌至 5.08 万美元。

2021 年夏天，价格下跌了 50%，在 7 月 19 日的最低点达到 29795.55 美元。秋季在 9 月再次出现牛市，价格升至 52693.32 美元，但大约两周后大幅下跌至 40709.59 美元。

2021 年 11 月 7 日，比特币再次创下历史新高 67549.14 美元。

2021 年 12 月上旬，比特币跌至 49243.39 美元，然后随着新型冠状病毒肺炎（COVID-19）新变种 Omicron 的出现，通胀的不确定性继续使投资者感到恐慌，因此波动性更大。到 2021 年底，价格回到 4.7 万美元。

2022 年以来，比特币价格在 3.4 万～4.8 万美元区间持续震荡。3 月 29 日，曾短暂站上 4.7 万美元，但较 2021 年 11 月超 6.7 万美元的高点仍有相当差距。截至 2022 年，比特币价格整体呈下行趋势。5 月 5 日，其价格为 3.95 万美元。

比特币的一些特点被认为是缺点，比如，比特币的价格波动大被认为有金融风险；比特币不受控制，不受金融和政府机构的监管控制；比特币是匿名的，被犯罪分子用来作为非法交易活动的媒介；比特币的交易不可逆，下令转账到错误的地址，交易将不予退还。

但是比特币在短短 13 年的历史中取得的成就是惊人的。

它跟传统金融系统相比，它不仅交易成本更低，而且更快，24 小时全球化运行。更重要的是，基于比特币，人们抽象出了区块链，加上智能合约平台的诞生，区块链创新进入井喷阶段，这一切都始于 2008 年 10 月 31 日“比特币白皮书”的发表。

不管将来如何发展，比特币都将是人类历史上的大事件。它永远改变着技术、金融以及我们与货币的关系。

跟其他技术一样，货币几千年来经历了很多次的升级。它从交易贝壳和金属硬币再发展到应用程序和刷卡，从促进邻里之间的交易发展到连接全球数十亿人。

然而，我们当前的金融系统仍然存在诸多限制，这导致数亿人无法开设银行账户或获得稳定货币，而且国际交易需要耗费几天甚至更长时间。

比特币是一项有数千年历史的技术的最新突破。尽管比特币在 13 年前才被发明，但它已经改变了世界理解货币的方式，它的发展势头，带来的经济机会，已经遍布世界各地。

很少有变革性技术能像比特币一样在短短 13 年间就迅速吸引了公众的兴趣并给人们带来巨大想象力。

举例来说，发明于 1972 年的电子邮件，但直到 1997 年，其用户才超越 1000 万人。

发明于 1927 年的电视机，但直到 20 世纪 40 年代末，仅有 2% 的美国家庭拥有一台电视机。而比特币从 2008 年开始诞生想法，2009 年发生第一笔交易，而 2019 年仅在美国估计就有 2700 万用户，或者说占据美国人口的 9%。

第一笔比特币交易发生于 2009 年 1 月 12 日。当时中本聪向计算机程序员 Hal Finney 发送了 10 枚比特币。

从那时起，无论价格如何变化，比特币网络上的活动稳步增加。

根据谷歌趋势数据显示，自从 2009 年以来，人们对比特币的兴趣已经扩展到全世界。

尽管比特币最初被设计为一种点对点的电子现金系统，但它正逐步超越这一点。它现在已经成为一种受欢迎的投资和价值存储，类似于黄金。

这在那些经济不稳定地区尤其是如此。根据 Coinbase 和 Qriously 对美国全国 4415 人的调查，投资者认为，加密数字货币（例如比特币）将会有比 ETF、指数基金以及其自有公司的股票更高的回报。

从 2013 年以来，比特币的表现已经超越了世界上最受欢迎的股票指数，其中包括科技股和 S&P500。尽管比特币的价格有波动，但随着牛市的到来，其价格呈上升趋势。

近几年，比特币也已经超越全球股票市场指数，如果你在 2010 年 12 月 31 日购买 10 美元的比特币，到 2021 年 12 月 31 日你所投资的比特币价值如今达到 46219.5 美元，投资回报惊人。

比特币最初被创建为可用于日常交易的“电子现金”，可代替传统的现金和信用支付，但迄今为止，除了少数经历经济波动的地区之外，比特币尚未成为其增长的主要动力。

但是，数百万人已经在比特币网络上进行交易，成千上万的商店正在接受比特币的支付，并且新技术让使用比特币的速度更快，成本更低。比特币的跨境结算大规模价值的能力是货币史上前所未有的。

跟传统的金融系统相比，比特币的费用和交易时间很少。通过美国主要的银行发送国际电汇，需要花费 45 美元左右，且需要数天时间才能完成，只能在银行上班时间才能处理。

而比特币的交易，一般只需花费 0.75 美元左右，可以 24/7 全天候完成，可以在网络上即时查看，并在确认 6 个区块后（大约 1 个小时内）被认为是安全的。

比特币的底层代码能控制产生多少比特币，以及限制比特币的最大的供应量。

如今，我们已经开采了约 1900 万个比特币，距离 2100 万个比特币越来越近，预计到 2140 年会被开采完毕。

通过编程控制比特币开采的数量，比特币的供应通胀是可预见且稳定的。而法币代币的供应量可能是波动极大的，不能被预测的。自 2008 年以来，美元的平均供应量每年增加了近 10%，而阿根廷比索则每年增加 129%。

相比之下，比特币年供应量 2019 年仅为 3.125%，2020 年 5 月后将降至 1.5625%。

2024 年中再次减半后，比特币年供应量将降至 0.78125%。

计算机开发者 Hal Finney 是世界上第一笔比特币交易的接收者。他说："计算机可以用作解放和保护人们的工具，而不是控制的工具。"

比特币是世界上第一个利用计算机力量的全球货币，是数学的共识，伟大的人类具有内在的不断创新的需求，以实现全球经济自由。前程光明，未来可期！

第三章
比特币为什么暴涨暴跌？

虽然多数技术倾向让周围的工人自动完成无意义的工作，但区块链的自动机制是去中心化的。区块链不会让出租车司机失业，而是让他们能直接与客户合作，最后 Uber 将无容身之处。

——维塔利克 · 布特林　以太坊和《比特币杂志》联合创始人

一、影响比特币价格波动的六因素

比特币的价格波动一般会受到 6 个方面因素的影响。

1. 挖矿成本

挖矿的成本主要有三个方面：电力成本、机器维修成本、人工成本。

开采者首先要购买矿机，其次要有运维人员去维护机器的正常运行，最后就是要有稳定的电力来持续生产比特币。

矿机的价格随着币价的波动而波动，并互相联动。在所有生产成本里，电耗是被放在第一位的。随着比特币每次减产，同样成本生产的比特币会越来越少，单币生产成本逐步提高，比特币的底价也随之在每次减半后抬高。

另外，如果比特币的价格跌破生产成本，矿工难以维持生产的话就会选择关机，或者因为政策等其他因素影响造成比特币矿工不能挖矿，算力就会下降。算力是比特币网络的基础，这样会导致大家恐慌，使比特币网络不稳，从而影响币价。但是随着比特币的共识逐步增强，这种影响已经微乎其微了。

2. 公众看法

过去，一般是年轻的计算机爱好者关注比特币并有投资意愿，这些人较能承受投资风险。

而如今越来越多的非 IT 背景的普通民众开始对投资比特币产生兴趣，并有一部分人愿意投资比特币。2021 年，一些国外的机构也开始认可并投资比特币。

随着社会对比特币的关注度和接受度的不断增加，对比特币投资的需求也在不断增多，从而引起比特币的价格波动。

3. 媒体舆论

媒体的传播力量也会对比特币的价格产生重要影响，不断涌现的关于比特币的头条新闻吸引民众关注比特币，比特币价格的起起伏伏自带话题和流量属性，让越来越多的人讨论比特币。

媒体舆论的大量聚集炒作容易哄抬比特币的价格，而诸多负面新闻也会引起币价的下跌。

4. 资本操纵

不同于法定货币的稳定性，比特币这种加密货币具有很大的波动性，币价涨跌总是剧烈震荡。但是，这种剧烈波动并非像人们预想的那样，是完全自然随机发生的。

在这些剧烈涨跌的波动背后，持有着数亿美元充足“资本弹药”的投机者才是幕后的决定性力量。

5. 消息面

行为金融学研究发现，金融市场中往往充斥着大量各类消息，这些消息往往直接影响着市场情绪。而这些消息无论利好或者利空市场，都很容易传导至价格端。

比特币的价格亦是如此，币价会受到消息大小和强度影响的制约。消息越轰动，币价受到的影响越大，无论正面或者负面消息，都能直接反映出市场参与者的情绪。

6. 政策面

政策监管也是影响比特币价格的重大因素。例如 2017 年，当中国政府宣布关停境内的多家大型加密货币交易所，并限制这些企业在境内进行 ICO 的消息后，比特币的市场价格在一日之间便狂跌 29%。

对于一个新兴的金融市场而言，最需要的就是明晰、简单、强有力的监管政策对其进行管理约束，从而为市场潜在参与者、投资者构建保护屏障，并用他们可以理解的政策框架为其提供安全交易的环境。

放眼未来，政策制定者和监管机构的各项政策措施将继续引起比特币价格的巨大波动。

二、比特币为什么会暴涨暴跌？

笔者认为有如下原因。

1. 共识的力量

比特币作为新兴的数字货币代表，其去中心化的特性赋予了它生命，不属于某个国家，可以服务每个国家；不属于某个人，却可以服务每个人。

它是一个共识的工具，科学地使用可以为全人类谋得和平、谋得幸福。

比特币是在逆境中生存下来的，它拥有顽强的生命力，时间越久，它的真实面目越能显露在世人面前，世人越能清晰科学地认识它，这样会得到更多人的共识。它不是明星，但非常“吸粉”；它不是黄金，但堪比黄金；它不是神灵，但受人追捧。

这就是共识的力量。

2. 国家、财阀、投资机构、投资人等组织或者个人的介入

由于它的价值，已然成了一种商品。国家、财阀、投资机构的介入更加彰显了它的霸气。

一般的商品只能得到一个区域一小部分人的青睐，而且需要刻意地宣传，才会达到一定的共识；比特币的共识很不一般，它得到了全球投资机构和个人的追捧，比特币没有专门的营销团队，投资数字货币实为参与者的战略布局。

如美国、俄罗斯、委内瑞拉、韩国、日本、捷克、西班牙、波兰、罗马尼亚、土耳其、加拿大、萨尔瓦多、新加坡等国家大量持有比特币，以及马斯克等投资人也持有比特币。这意味着，数字货币的盘子之大，无法估量。

3. 生态的完善

矿工、软件开发者、数字货币和区块链初创公司、艺术网络营销与文字编辑、顾问、会计师、人力资源、风险管理经理，等等，他们构成了比特币圈子的生态。

比特币已创造了一个不断发展的行业——挖矿业。该产业包括个人

矿工以及大型挖矿机构。

他们的日常任务是挖币。与此同时，他们还肩负着保护比特币网络的职责。此外，一些公司会负责研发和制造挖矿设备以及 ASIC 芯片等。

随着大量的公司进军这一领域，该行业的竞争也越来越激烈。最近的几年里，随着技术的进步，挖矿业的总算力一直呈指数型爆炸式增长。ASIC 硬件的改进、矿池的创建，都促进了比特币社区的壮大和比特币经济的发展。由于其技术特点，采矿仍然是一个大市场。笔者预计，未来行业会得到更显著的增长。

即使在比特币之外的行业，软件开发者也是十分紧缺和受欢迎的。而随着数字货币的不断普及，与区块链和数字货币技术相关的职位也越来越多。很多金融公司以及具有发展潜力的初创公司都在招募软件开发人员，来编写和构建区块链协议代码。

如果你在 Monster 这类求职网上搜索这一行业的工作，你会发现，最显眼的职位都是比特币区块链的软件开发人员。

随着时间的推移，比特币的经济会得到快速发展，相关工作岗位需求也会不断增加。

比特币的发展催生了很多旨在利用区块链技术的新公司。在过去的几年里，已经有很多初创公司提出了自己独特的想法。

不同的公司专注于不同的方面：比特币汇款、支付处理方式、票据支付解决方案、ATM 制造商、硬件生产等。在比特币出现以前，很多初创公司建立的现代商业模式都还没真正实践过。

交易所、交易市场、分布式自治组织、预测市场等领域都真正实现了点对点和去中心化。聚焦于数字货币和区块链的初创公司肯定会越来越多。有一些公司可能会遭到失败，但也有部分公司会非常成功。

比特币经济也给图形艺术家、营销人员和作家带来了市场。与比特币相关的产业需要劳动力，涉及文字编辑、图形处理、广告营销等。通过这些方式，比特币才能获得更为广泛的传播。

自比特币被创造以来，很多图形艺术家、作者们会以各自不同的方式，在新闻媒体或博客上传播数字货币和区块链。同时，自由撰稿人已经在加密货币新闻网站和博客找到了工作。这些类型的营销工作是商业贸易的一部分，主要内容是关注比特币协议、比特币社区和技术分支解决方案。

比特币生态系统内的另一个重要增长市场就是安全领域。保护数字资产的网络安全及创新保护方法将永远是必要的。

技术的进步和黑客的猖獗持续威胁着在线安全领域。这极大地激励了更多的个人及团体致力于研发多重验证技术，例如生物识别、阈值签名等高安全性的概念技术。

比特币协议创造了一个强大的财富转移系统，它无须第三方的参与。但安全解决方案的改进是永远不会止步的。

4. 信息技术的发展

比特币核心技术区块链是信息技术的创举。笔者认为，区块链的技术开发与应用将呈现喷薄之势。比特币作为区块链技术的开山之作，所集聚的动能已然让现代企业动容。币安的老板赵长鹏仅用 5 年不到的时间就成了亚洲首富，这是之前闻所未闻、想都不敢想的。

仅仅 13 年的时间，价格就曾破了 6.9 万美元 / 枚的大关，市值近 1.5 万亿美元，仅次于苹果和微软。

信息技术的发展仍未止步，比特币所集聚的动能还将继续，而价格能否再创新高，并不是动能剧增的标识。

而它所产生的势能还没有开始，这一波动势能的转化必将带来各行各业革命性的发展。

5. 网络社区的共建发展

当下，各种信息平台都离不开网络，各种平台的本质就是社区，社区的建设离不开社区的运营，所以当下网络社区的建设实际上就是利益共同体的维护。

所以说，比特币的暴涨暴跌离不开数字货币这个大社区的共建发展，而数字货币发展离不开数字经济。从目前来看，经济的发展已经逐渐数字化，而整个世界也是数字化的世界。

6. 区块链技术的发展态势

区块链技术是真正的划时代技术，而且是属于从 0 到 1 的颠覆、革命！

物联网一直没大规模应用的一个重要原因并不是在通信速度上遇到瓶颈，主要瓶颈在于并发的数据吞吐量实在太大，再强大的中心化架构的服务器，再怎么分布式也无法实时处理那么多数据。所以，这需要去中心化的区块链技术来解决这个问题。

由于前两次革命，都诞生了几千亿，甚至 1 万亿美元市值的公司，而且达到这个规模的速度越来越快！所以，基于区块链技术的初创企业，在未来，会用更少的时间，从初创算起，也许只需要 3 到 5 年，就可以达到数千亿美元的市值。

当然，这些公司也许并不需要 IPO，通过在不同的发展阶段进行迭代式 ICO 即可解决融资问题。不管是从单家公司的股权角度衡量还是从其发行的加密数字货币角度来衡量，其股票市值和其加密数字货币的市值，都会达到数千亿美元的规模！甚至 1 万亿美元以上的规模！

我们也可以看见，第二次革命时诞生的很多公司，Google、微软、苹果都革了第一次革命时 IBM、HP 等公司的“命”。

同样，第三次革命的到来，Google、微软、苹果如果不快速抢滩区块链、加密数字货币技术的话，也有很大可能会被后来的区块链初创公司给“革命”掉！目前看来，亚马逊在这一方面的布局可能是几个巨头中最快的，并已注册了不少加密数字货币域名。

当然，回头看国内的话，迅雷这样的公司也正在使用区块链技术快速地推进他们的共享 CDN 业务！很多投资者仍然没有深刻理解这些区块链技术的背后意义，以及蕴含着的非常巨大的价值！

区块链的开发与应用越是发达，那么大家对比特币的共识就越强烈。

7. 媒体竞相报道

自 2013 年比特币经历大牛市后，比特币俨然成为各路媒体尤其是财经媒体的明星。媒体报道铺天盖地，提供实时行情数据的媒体不乏彭博社、路透社这类财经大鳄。比特币已完成由极客玩具到受大众欢迎的新兴资产的华丽转身。

三、比特币被普遍接受的必要条件

为得到保障和认可，各国比特币支持者也在积极呼吁政府立法承认比特币金融资产地位。部分国家和地区做出了回应，大多数国家仍采取观望策略。

在各界共识没有达成、监管政策没有明确之前，单说比特币是货币或资产都为时过早。在炒作风气盛行的当下，比特币更多的时候是作为投资投机工具而存在的。

入局炒币者为比特币摇旗呐喊，很多狂热的信仰者并不了解比特币的历史，更不去深究它的产生背景、现实意义，买入并持有的唯一原因是能以更高的价格转手卖给别的“信仰者”。

客观来看，比特币成为通用支付货币的路不会一帆风顺，需要满足相当苛刻的条件。

（1）足够多的接受群体。需要得到监管当局的支持和认可（至少是不积极的打压）、大量接受比特币支付的商家、足够多持币用户或习惯使用比特币支付的用户。

（2）足够好的用户体验。支付工具要好用、交易确认的速度要足够快。

（3）足够便利的兑换场所。可以满足用户快速购买比特币以用来支付或满足商家快速兑换成目标法币。

（4）足够稳定的汇率波动。用户买入比特币、完成支付、商家卖出比特币的时间周期内，比特币的价格波动要小。

（5）更便捷的 App 下载、交易、兑付，使普遍大众包括大爷大妈们都可以简单地使用加密货币。

（6）全球性的大金融机构接受加密货币存取，更简化密钥的使用，法律接受加密货币的保护及遗产继承。

（7）元宇宙的场景进一步深化，毕竟在纯数字的虚拟的元宇宙里，收入和支出更方便的工具只能是比特币引领的数字加密货币。

目前从业者也在积极围绕这些环节开展工作，推广布道比特币、争取官方及传统货币市场认可、发展支持商家、安装比特币 ATM 机、开拓法币充值兑换渠道、建设有足够交易深度的去中心化交易所、部署 RSK 研发支付应用场景等。

得益于媒体的推波助澜，比特币因暴富效应和保值增值属性受到越来越多普通人关注，投资比特币的人群逐渐扩大，比特币的金融资产地位持续攀升。

虽然屡遭拒绝，美国比特币行业的各路创业者丝毫没有减弱推动比特币 ETF 上市的努力，或许大量机构参与比特币交易的时代离我们已并不遥远。

日益火爆的加密数字货币市场也令各国央行被迫对其加强关注，除了制定相应监管政策以外，作为监管者的央行，核心职能除了货币发行和管理以外，还有管理国家官方持有的黄金和外汇、优化资产储备组合的任务。

随着加密数字货币热潮的日渐升温，央行购买加密数字货币特别是比特币作为储备资产并非天方夜谭。

比特币安全可靠、流动性好，可以全球全天候交易。既可利用其货币属性当作外汇储备应用于国际贸易，又可作为储备资产进行多元化投资。

国际货币基金组织（IMF）主席拉加德（Christine Lagarde）就曾对各大央行发出警告，称加密数字货币将带来巨大颠覆。随着比特币价格上涨，官方持有数字货币作为储备资产的压力也会上升。

监管也好、储备也罢，各国央行对比特币的态度必然五味杂陈，甚至一些动作只能秘密进行，即使他们已经开始投资加密数字货币，也不要指望他们会公开这些信息。

也许，正是比特币的金融属性在为它的暴涨暴跌“保驾护航”。

第四章
比特币溯源

3 个货币基础：以商品为基础；以政治为基础；现在以数学为基础。

——Chris Dixon　eBay 旗下 Hunch 联合创始人、McAfee 旗下 SiteAdvisor 联合创始人

一、神秘的中本聪

中本聪（英语：Satoshi Nakamoto），自称日裔美国人，日本媒体常译为中本哲史，此人是比特币协议及其相关软件 Bitcoin-Qt 的创造者，但真实身份未知。

有人说计算机科学家、密码学家尼克·萨博是中本聪。他是一名密码朋克，在 1998 年提出了“比特黄金”。它是一种去中心化的数字货币，被视为比特币的先驱。

萨博自称不是中本聪，但他是比特币背后创意的最大推动者。

中本聪于 2008 年发表了一篇名为《比特币：一种点对点式的电子现金系统》的论文，描述了一种被他称为“比特币”的电子货币及其算法。

2009 年，他又发布了首个比特币软件，并正式启动了比特币金融系统。

2010 年起，他逐渐淡出并将项目移交给比特币社区的其他成员。

二、冒充的发明者

多利安·中本至今还被某些人认为就是中本聪的原型。他生于 1949 年，毕业于加州州立理工大学，有物理学学士学位，曾经还任职美国军方。这种背景太满足人们对心中“中本聪”的幻想。

根据官方消息，曾有媒体采访过他，他表示：“我已经不再参与它了，不能讨论它。它已经被转交给其他人。他们现在在负责。我已经没有任何联系。”这段话，听起来似乎就是中本聪本人了。

但是，在 2014 年 9 月 13 日中本聪亲自辟谣，在其论坛上发帖表示：“I am not Dorian Nakamoto.”

不过，币圈已经对多利安·中本的形象深入人心了，很多时候都会选择他作为“中本聪”形象代言人。

事实上，比特币发展了多久，人们对“中本聪”的猜测就有多久，任何一个参与者都想知道，创始人是谁，去揣摩他创造比特币的初衷是什么？

自称中本聪的那些人：

在比特币风风雨雨的十多年中，有一个自称“中本聪”的人，最让人印象深刻，那就是澳本聪。

有人说，如果澳本聪就是中本聪本人的话，真是破灭了自己对比特币的全部幻想。

首先，澳本聪的言谈举止就不是一个低调之人；相反，他喜欢频繁的口水战，总是登上头条，喜欢哗众取宠。

但我们不得不说的是，币圈混网红之路的人，没点个性还真的难以立足。那些所谓的币圈大佬们，几乎各个都是靠着一张嘴，加上全面的营销策略，走上了财富自由的巅峰之路。

因此，澳本聪的所作所为，让更多的人认为，他只是想通过自称“中本聪”的方式，让大家认识他，知道他的项目。

澳本聪的自我营销不仅做得相当出色，还影响了人们对自称“中本聪”的人产生更多的质疑，只有拿出足够的证据才值得信服！

最近，又有人自称为“中本聪”，但是这一次，与之前自称为“中本聪”的人有所区别。他的自证分为三次，已经公开了两次，字里行间讲述的都是一个人的经历。

看过他前面两个自证的内容，我们不禁会问：从他来自哪里，以及沉迷数字的他，是如何给那些数字赋予重要的意义的？比如 Bitcoin 和 theBCCI 的值为 23，这么多年，有多少人会考虑这个问题？让与比特币相关的所有问题，都以数字的方式来解释。

我们知道比特币是通过密码学原理来设计的，所有的一切都与数字相关。因此，有人认为，这极有可能就是“中本聪”本人。

但是，依然有一些质疑的声音，有不少人咬文嚼字都要从他自证内容中找到漏洞，他给出的回应是：对于这种人，请允许我重复自己 2010 年 7 月 29 日的话：“如果你们不相信我，或者无法理解我，请原谅我没有时间浪费在说服你上面，抱歉。”

从这些内容来看，也比较符合“中本聪”本人，活得相对自我。

在区块链技术的关键期，他说希望带领 Bitcoin 再上一个台阶。他的出现，也不是个人，而是团队。

从这点上来看，我们可能是在看一场新的故事会，“真假中本聪”已经闹得满城风雨多年，从一开始人们对“中本聪”的探索，再到一些自称为“中本聪”的人来看，最后也没得到任何实质性的证据来鉴别究竟谁才是真，谁才是假？

2021 年 12 月 29 日，马斯克试图解开 13 年前首次提出比特币概念背后的真实人物是谁？

在一个播客中，马斯克怀疑中本聪就是计算机科学家尼克 · 萨博。萨博在 1998 年提出了一种去中心化的数字货币“比特黄金”（bit gold），马斯克觉得有证据指向萨博就是中本聪。但是萨博一再否认他就是中本聪。

虽然中本聪的真实身份不得而知，但马斯克表示他认为比特币创造者的身份并不重要。他说 :“名字到底是什么？它只是附在一个想法上。”

另外，他还引用威廉·莎士比亚的话来支持他的想法：“玫瑰无论叫什么名字都一样香。”而值得注意的是，SpaceX的一名前实习生此前声称马斯克是中本聪。

从另一个角度来讲，比特币已经不是当年中本聪最初设计的比特币了，就连这个庞大的数字货币市场，也已经从小市场扩散到了全球，甚至还有不少项目经历过了ICO、IPO等阶段，迎来了技术落地的应用期。

到底谁是中本聪，重要吗？

对于整个数字货币市场来说，如果中本聪的出现，不能给比特币赋予新的价值力量，那么，谁是中本聪，又有什么关系呢？

去探究中本聪是谁，不过是满足人们的好奇罢了。我们更需要理性地看待。我们期待中本聪的现身，是希望他能再一次为比特币带来重要的价值。否则，不管他是以个人还是以团队的身份出现，都没有任何价值意义了。

比谁是中本聪更重要的是，他所带来的、所产生的价值是什么？

5

Bitcoin

第五章
还有哪些疯狂的加密数字货币

离他远一点，简单来说，他就是个蜃景。

——沃伦·巴菲特　全球著名投资人

一、以太坊（ETH）

ETH 是以太坊 Ethereum 的代币，在以太坊链上充当支付交易手续费和运算服务费的媒介 gas。

与 BTC 类似，这种加密数字货币可以用来与其他加密数字货币或其他法币进行交易，是除了比特币以外最具价值的加密数字货币之一。

1. 以太坊的诞生

比特币开启了加密数字货币的先河，数年间充分检验了区块链技术的可行性和安全性。然而比特币并不完美，其中协议的扩展性就是一项不足，为了解决比特币扩展性不足的问题，要么在比特币之上重新构建，要么启动一个新的区块链。

在比特币的基础之上构建会受到比特币网络的约束，对于需要更多自由度和更大灵活性的项目，启动新的区块链是唯一的选择。但开始一个新的区块链意味着要构建所有的基础设施，如元素、测试等。

2013 年底，年轻的程序员和比特币爱好者 Vitalik Buterin（人们常称呼其为 V 神）开始考虑进一步扩展比特币功能。2013 年 10 月，Vitalik 提出了一个很好的方案，该方案允许用灵活且可编写脚本（但不是图灵完备的）的合约取代专业合约语言。

2013 年 12 月，Vitalik 开始分享一份白皮书，描述了以太坊背后的想法：一个图灵完备的可编程和通用区块链。几十个人看到了这个早期的草案，并向 Vitalik 提供了反馈，帮助他逐渐提出提案。

也就是说，从 2013 年 12 月开始，Vitalik 和以太坊的其他创始人开始完善并发展了这个想法和提案，共同构建了以太坊的协议层。

这不仅仅是发明了一种新技术，更是他们以新颖的方式将新发明与现有技术结合起来，并提供了原型代码以向世界证明他们的想法是伟大的创新。

2014 年 2 月，以太坊社区、代码数量、wiki 内容、商业基础结构和法律策略等逐渐完善。同年 7 月 24 日，以太坊开放为期 42 天的以太币预售，共募集到 31531 个比特币。根据当时币价折合 1843 万美元，是当时排名第二大的众筹项目。

预售时所使用的比特币地址，在比特币区块链浏览器里可以看到每一笔转入和转出，最终，售出的以太币的数量是 60102216 枚。

至此，以太坊系统正式诞生，同时也标志着区块链技术由 1.0 时代进步到 2.0 时代。

2. 智能合约

以太坊是一个去中心化的软件平台，有各种模块可以供用户来搭建应用，因此在以太坊上建立应用的成本和速度都大大改善。

我们知道，直接用汇编语言编程是非常痛苦的，但以太坊里的编程并不需要直接使用 EVM 语言，而是类似 C 语言、Python、Lisp 等高级语言，再通过编译器转成 EVM 语言。

在平台之上搭建的应用，其实就是智能合约，这是以太坊的核心。

合约是一个活在以太坊系统里的自动代理人。它有一个自己的以太币地址，当用户向合约的地址里发送一笔交易后，该合约就被激活，然后根据交易中的额外信息，合约会运行自身的代码，最后返回一个结果，这个结果可能是从合约的地址发出另外一笔交易。

需要指出的是，以太坊中的交易，不单只是发送以太币而已，它还可以嵌入相当多的额外信息。

如果一笔交易是发送给合约的，那么这些信息就非常重要，因为合约将根据这些信息来完成自身的业务逻辑。

合约所能提供的业务，几乎是无穷无尽的，它的边界就是你的想象力，因为图灵完备的语言提供了完整的自由度，让用户搭建各种应用。白皮书举了几个例子，如储蓄账户、用户自定义的子货币等。

3.Eth2.0 和 Layer2

对很多人来说，价格都是最重要的指标。2020 年以来，ETH 都在上涨，并在 2021 年创出 4800 美元 / 枚的新高！同时，以太坊上的转账数量猛增，表明以太坊正在为更深更广的经济发展提供动力！

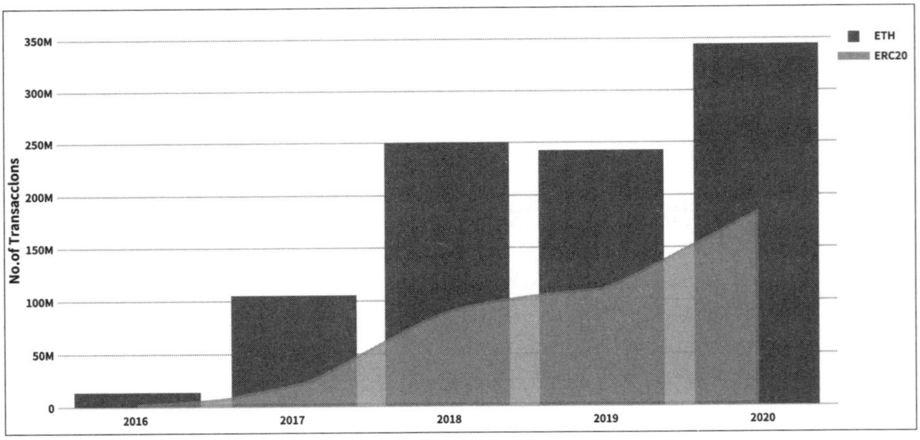

图 5-1　以太坊价格走势

但是，由于 DeFi（去中心化金融）的兴起、Dex（去中心化交易所）的崛起，链上交易量大幅提升，以太坊网络转账需求居高不下，这样就出现了两方面的问题：一是拥堵现象频发，经常出现待确认交易；

二是 ETH 价格的上涨，以美元计价的 gas 费用上升，转账费用再次创下了历史新高。用户真正感受到了扩容的重要性。

扩容方案有两种：

一是，以太坊分片（Eth2.0），在以太坊内部进行扩容的性能解决方案。第一步，通过信标链引入共识算法 PoS；第二步，通过融合将信标链与主网合并到一起，从 PoW 转换成 PoS；第三步，实现 64 条新的分片，极大提升网络的承载能力，并降低节点的运行需求，解决 ETH 的不可能三角问题。

二是，分层（Layer 2）则是在以太坊区块链外部进行扩容的方案。

以太坊公链就是 Layer1，咱们在以太坊上的币、以太坊上应用数据等都是存在以太坊公链上的，而这些币的交易和各种应用都是在以太坊上运行的。

毫无疑问，以太坊作为一个全节点公链，那么多节点共同协作，工作效率肯定低。而以太坊我们都知道，那是“大忙人”，币种多、业务量大，这导致以太坊公链的工作效率低下，忙的时候许多业务在排队。

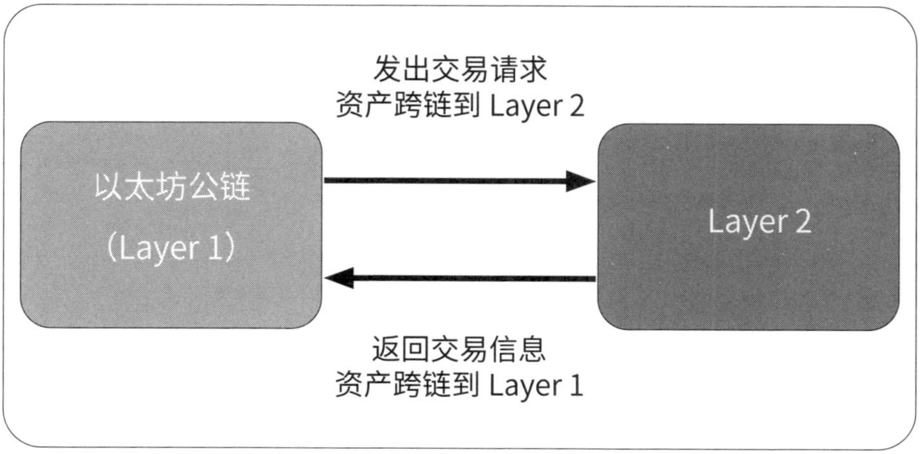

图 5-2　以太坊公链示意图

这时候，链圈的人才就想到了 Layer 2 这个方法。把一些以太坊上的交易移到 Layer 2 上去处理，处理完成以后再把结果返回给 Layer 1，这样 Layer 1 就没这么忙了。

举个简单的例子，一个公司业务量庞大，于是他开了一个子公司，把一些业务交由子公司处理。母公司就是 Layer 1，子公司就是 Layer 2。这样，母公司的负担就减轻了。

4. 前景展望

不可否认，以太坊的市场需求在增加，供应在下降，在金融和货币数字化过程中，以太坊正在逐渐走向中心地位——而这也是其价格能够进一步增长的基础。长久以来，以太坊一直是市值第二大的加密货币，但现在，它又成了 NFT 的首选平台和代币化的顶级平台，现在 ETH 正慢慢转型成为互联网上的“通用抵押品”，这种发展轨迹似乎与比特币成为全球数字储备资产的轨迹非常相似。

虽然以太坊在 2021 年上半年一度创下了约 60% 的惊人跌幅，但现在却成为 2021 年迄今表现最好的主流加密资产。一些分析认为，以太坊应该能将这种增长势头继续下去。

有时候，市场会发生许多未知状况，引发新兴技术脱轨。此外，大量竞争也会引发许多不利影响，但在 2021 年，以太坊顺利完成了协议升级，也为其顺利迈向 ETH 2.0 铺平了道路。ETH 2.0 升级意义重大，将会大幅减少以太坊区块链的能源消耗。

二、其他市值排名前十的加密数字货币

1. 币安币（BNB）

币安币 (Binance Coin，BNB) 是一种实用加密货币，可作为与币安交易所交易相关费用的支付方式。按市值计算，它是第三大加密货币。那些使用代币作为交易所支付手段的人可以打折交易。

币安币的区块链也是币安去中心化交易所运营的平台。币安交易所由赵长鹏创立，按交易量计算，是全球使用最广泛的交易所之一。

BNB 作为 Binance 生态系统和去中心化交易所燃料，目前在多种场景应用广泛，如用 BNB 抵扣 Binance 交易手续费，最高可获得 50% 的折扣，在 Monaco Visa 及 App 应用中可使用 BNB 支付，在 Uplive 直播平台可以使用 BNB 购买虚拟礼物等。

BNB 的发行总量恒定为 2 亿个，Binance 每个季度将拿出 20% 的利润回购并销毁 BNB，直至销毁 1 亿个。回购会使 BNB 通缩，理论上 BNB 总价值不变的情况下，回购能使币价上涨。

币安币是业内最大的加密货币交易所币安交易所的内部加密货币。但是，从本质上讲，它与大多数其他山寨币相似，因为它易受波动影响，并且可以兑换成其他资产。

从一开始，BNB 就被设想为币安生态的一个关键组成部分，其价值将与交易所的增长同步上升。

BNB 最初是作为 ERC20 代币推出的，作为 Binance 交易所 2017 年募资的一部分。它特别指出，BNB 并没有让买家直接接触到公司的增长，而是可以作为一种实用代币。所有 2 亿个 BNB 代币都是在募资之前创建的，1 亿个代币被出售给公众，筹集了大约 1500 万美元。

筹集的资金有三种用途：35% 的资金用于建设币安平台和进行系统升级；50% 的资金用于币安的品牌建设和营销；15% 的资金被保留作为应急资金。

最终，BNB 从以太坊转移到一个名为币安链的区块链上。币安链利用拜占庭容错（BFT）共识机制。该机制涉及几种不同类型的节点：投票验证交易的验证者节点；监督共识过程并将交易广播给网络中其他节点的见证者节点；以及由组织拥有的加速器节点，加速验证过程。

为了应对每年递减的折扣所带来的价值贬值，币安每个季度都会根据其上一季度的交易量来销毁 BNB。计划是随着时间的推移，烧掉总供应量的一半，以稳定 BNB 的价格。

BNB 是交易所的原生代币，可用于各种场景，但最常见的用途是将已经很低的交易费用进一步降低 25%。但是，BNB 币的作用不仅仅是降低交易费用。币安区块链上的原生币提供闪电般的交易，可用于购买和出售大量其他货币，它甚至被旅游行业的一些商家和服务提供商接受。原生交易所代币从一开始就被设计成这样一种模式，即随着币安交易所的规模和用户群的扩大，其使用量也在增加，而在此过程中币价会越来越高。

一个实用代币如此广泛地嵌入世界最大的加密货币交易所，其基本面肯定在该币的价格波动中发挥了很大作用。2021 年 1 月中旬，BNB 还一直在 10 美元至 45 美元的区间内交易。这一切都在 2021 年 1 月底以后发生了变化，随着币安交易所和其生态的发展，BNB 价格大爆发。

2021 年 2 月下旬，BNB 的交易价格为 317 美元，2021 年 4 月为 596 美元，2021 年 5 月，币价最高达到 691 美元。这意味着该币一年的投资回报率近 40 倍，当然这也和币安持续给 BNB 赋能有关，BNB 既是平台代币，也是公链代币，同时还在不断通缩。2021 年 11 月以后，受加密货币整体价格下行的影响，BNB 的价格也一路向下，又逢

LUNA 事件导致大量链上清算，带崩了整个加密货币市场。

最近 FTX 交易所暴雷（交易所挪用客户资金做投资，其后因流动性问题发生挤兑）致使市场上的做市商如鸟兽散，进一步令加密市场雪上加霜……种种原因使 BNB 的价格又在 2022 年 11 月 21 日回落到 250 美元附近。

2. 泰达币（USDT）

泰达币是第一个和最流行的一种稳定货币，它需要盯住某种货币或其他外部参考点，以减少波动。由于大多数数字货币，尤其是比特币，也经常经历剧烈的波动，USDT 和其他稳定币试图平滑价格波动以吸引原本可能谨慎的用户。

USDT 的价格直接与美元的价格挂钩。与实际转换为正常货币相比，该系统允许用户更轻松、更及时地将其他加密货币转回美元。

泰达币是 Tether 公司发行的一种将加密货币与法定货币美元挂钩的数字货币，是一种保存在外汇储备账户并获得法定货币支持的虚拟货币。

Tether 公司宣称：每发行一枚 USDT，都将会存储 1 美元的保证金；USDT 持有者可以随时用 USDT 向 Tether 公司兑换等额的美元现金，锚定美元的做法使其具备了信用派生货币的权利，成为币圈山寨美联储。

在合规方面，所有涉及法币的操作，都要求用户完成 KYC 认证。当被问及用户如何验证银行账户保证金时，Craig 称法币由 Tether 公司保管，并有定期审计，但目前用户还不能直接查询保证金。

实际上，这种加密货币允许个人利用区块链网络和相关技术以传统货币进行交易，同时最大限度地减少通常与数字货币相关的波动性和复杂性。

截至 2021 年 11 月，按市值计算，泰达币的市值为 737 亿美元，每个代币的价值为 1 美元。

3.SOL

SOL 是 Solana 平台上的原生代币，它使用有委托的 PoS 共识算法，矿工将 SOL 委托给验证节点参与维护网络，获得奖励。SOL 具有三个主要用例：质押、交易费用和治理。

Solana 链号称以太坊杀手。随着加密货币市场热度不断攀升，智能合约公链之王以太坊的用户也不断增加，随之而来的就是高额的 gas 费用以及拥堵的网络，这迫使用户不得不去寻找新的公链。

链领域存在着“不可能三角”，即去中心化、安全性和可扩展性三者不可兼得。其中，各大公链都会首要保证去中心化和安全性，于是可扩展性便成为许多新兴公链钻研的目标。

而这便给了 Solana 一个机会。Solana 给自己的定位就是世界上最快的高性能公链，它的可扩展性可以达到网络级别，理论上标准千兆网络下 TPS 最高可达 71 万。2021 年，SOL 从 1.5 美元一度最高涨到 259 美元。

4. 艾达币（ADA）

Cardano（ADA）是一种“Ouroboros 股权证明”加密货币，由工程师、数学家和密码学专家采用基于研究的方法创建。

该项目由查尔斯 · 霍斯金森（Charles Hoskinson）创立。他是以太坊的五个初始创始成员之一。在对以太坊的发展方向有一些分歧后，他离开了，后来帮助创建了卡尔达诺（Cardano）。

Cardano 背后的团队通过广泛的实验和同行评审研究创建了其区块链。该项目背后的研究人员已经撰写了 90 多篇关于区块链技术的论文，涵盖了一系列主题。这项研究是卡尔达诺的支柱。

由于这个严格的过程，卡尔达诺似乎在其 PoS 同行以及其他大型加密货币中脱颖而出。卡尔达诺也被称为“以太坊杀手”，因为据说它的区块链能够做到更多，但卡尔达诺仍处于早期阶段。

虽然它在 PoS 共识模型上击败了以太坊，但在 DeFi 应用方面还有很长的路要走。卡尔达诺旨在通过建立类似于以太坊的 DeFi 产品以及提供链互操作性、选民欺诈行为和法律合同追踪等解决方案，成为世界金融操作系统。

代币 ADA 于 2017 年 10 月 2 日发行，总量 450 亿个，众筹价格为 0.0026 美元，后来涨到 0.090965 美元。经过两年的历程，其价格足足升值了 35 倍（不算高点回落的最高点），可见它有多暴利，这就是市场上大部分人都想买“原始股”的原因。

ADA 价格经历 2020 年一年的低迷，从 2021 年初的 0.1 美元左右到今年最高涨到 3 美元左右。2021 年 11 月，卡尔达诺的市值为 570 亿美元，位居第六，一个 ADA 的交易价格约为 1.79 美元。

5. 瑞波币（XRP）

瑞波币（XRP）是世界上第一个开放的支付网络，支持任意货币转账，包括美元、欧元、人民币、日元或者比特币。转账过程简单快捷，几秒内就能完成，交易费用几乎是零，没有所谓的跨行异地以及跨国支付费用。

XRP 目前可精确到 6 位小数。最小的单位称为一滴 (Drop),

1000000 滴等于 1 XRP。

瑞波币是 Ripple 网络的基础货币，它可以在整个 Ripple 网络中流通，总数量为 1000 亿枚，并且随着交易的增多而逐渐减少。

瑞波币（XRP）和比特币一样都是基于数学和密码学的数字货币，但是与比特币没有真正的用途不同。XRP 在 Ripple 系统中有主要桥梁货币和有保障安全的功能，其中保障安全的功能是不可或缺的。这要求参与这个协议的网关都必须持有少量 XRP。

自 2012 年成立，瑞波币主要是提供支付网络和协议方案等服务，帮助提升金融公司的转账效率。瑞波网络的点对点转账，一笔交易几秒钟就能完成，而且通过瑞波网络汇款，几乎没有手续费。目前跨境最快的西联汇款，一笔交易，最快也要 10 分钟，1 万美元以下的汇款，手续费 15—40 美元。

瑞波网络的另一优势就是可以自动选择货币转换。据不完全统计，瑞波已和 100 多家金融机构达成了合作。以目前 207 亿美元的市值来看，瑞波币未来还有增长空间。

6.LUNA 币

LUNA 币这个数字货币在币圈虽然没有比特币、以太坊这样的数字货币有名，但是由于 LUNA 币是属于币安投资的代币，同时还是 DEFI 概念币，所以还是吸引了一部分投资者的视线，尤其是 LUNA 币作为算法稳定币流通市值第一的数字货币出现时，对其感兴趣的人更多了。

LUNA 是 Terra 生态发行的第二个数字货币，LUNA 的持币用户通过 Terra 支付网络产生的手续费中获得奖励，每笔交易将会有平均 0.5% 的奖励被分配到用户。

随着 Terra 生态的发展，LUNA 的持有者将获得更多的奖励，从而促使 LUNA 价值的提升。

就目前来看，LUNA 开发生态拓展和生态系统建设非常缓慢，不过这也正是机会所在：当用户与 Terra 的智能合约交互需要支付费用时，这些费用会付给 LUNA 代币质押者来处理交易，这有些类似于你使用 Dai 需要支付以太坊 gas 费。

LUNA 代币价格 2021 年从 1 美元不到一路最高涨超 100 美元，跻身市值前十大代币，排名第八。

7. 波卡币（DOT）

Polkadot(DOT) 是一种独特的 PoS 加密货币，旨在提供其他区块链之间的互操作性。它的协议旨在连接经许可和未经许可的区块链以及预言机，以允许系统在一个屋檐下协同工作。

Polkadot 的核心组件是它的中继链，它允许不同网络的互操作性。它还允许平行链或并行区块链在特定用例中使用自己的原生代币。

Polkadot 与以太坊的不同之处在于，开发人员不仅可以在 Polkadot 上创建 DApp，可以创建自己的区块链，同时还可以使用 Polkadot 链已经具备的安全性。

使用以太坊，开发人员可以创建新的区块链，但需要创建自己的安全措施，这会使新的和较小的项目容易受到攻击，因为区块链越大，它的安全性就越高。Polkadot 中的这个概念被称为共享安全。

自 2017 年以来，公链爆发，随之而来的跨链概念走进大家的视线，而其中的 Polkadot，更是其中的明星，从融资开始，一直话题不断。综观一些热门项目，都有一个标志人物，而 Polkadot 的标志人物就是创始人 Gavin Wood，曾经的以太坊联合创始人之一。更重要的一点是，他是以太坊黄皮书的编写人，以太坊的成功也有他很大的功劳。截至 2021 年 11 月，Polkadot 的市值约为 410 亿美元，一个 DOT 的交易价格为 39 美元。

8.AVAX

AVAX 是雪崩协议 Avalanche 的原生代币，在雪崩协议 Avalanche 上的交易都需要使用 AVAX 支付手续费。AVAX 的总供应量是 7.2 亿颗，目前流通量约 4 亿颗，代币分配最大比例 50% 将会慢慢释放给质押验证人。另一个 AVAX 代币的特色是使用者用 AVAX 支付手续费时，该 AVAX 就会立即被销毁，这也让 AVAX 代币成为通货紧缩模型。根据 Burned AVAX 数据，目前已经有超过 44 万颗 AVAX 被销毁，这样的机制也会让剩下来的代币变得更值钱。2021 年，币价一度从 3 美元左右最高涨到 146 美元，涨幅近 50 倍。

那么，什么是雪崩协议 Avalanche？

雪崩协议 Avalanche 是 Ava Labs 的创办人 Emin Gun Sirer 在 2018 年提出的，在当时以太坊随着使用者增加开始出现链上塞车状况，雪崩协议希望以全新共识增进链上交易处理速度。雪崩协议是一条 EVM 兼容的区块链，也就是在以太坊上可以运行的去中心化应用都可以直接在雪崩协议上运行。

雪崩协议也在 2020 年 9 月上线后达到每秒 4500 笔交易处理速度和 1 秒确认交易高效率表现（以太坊每秒处理约 15 笔交易，需要约 6 分钟确认），让它迅速获得许多去中心化应用和使用者关注。目前已经有许多知名以太坊应用在雪崩协议上推出跨链平台，像 Aave、Curve 等，所有 DeFi 应用总锁仓量已达到 130 亿美元，在所有公链中排名前四。

三、另外一些独具特色的加密数字货币

1. 狗狗币（Dogecoin）

狗狗币，被一些人视为最初的“Meme 币”，在 2021 年引起轰动，因此该币的价格飞涨。这枚硬币以柴犬的形象作为头像，被一些大公司接受并作为一种支付方式，包括达拉斯小牛队、克罗诺斯队，也许最著名的——SpaceX，一家由埃隆·马斯克拥有的美国航空航天制造商。

狗狗币是由两位软件工程师 Billy Markus 和 Jackson Palmer 于 2013 年创建的。

据报道，Markus 和 Palmer 创造了这个硬币是为了开玩笑，评论加密货币市场的疯狂猜测。

2021 年 2 月 13 日，狗狗币创始人给所有持币人写了一封信，说自己在 2015 年就已经把所有狗狗币卖了，因为狗狗币的意义不是投机炒作，而是用来嘲讽那些操纵市场的华尔街巨头，狗狗币不应该成为投资品，而是要带给世界“正能量”。但很显然，没人听这个创始人的。

2 月 4 日，马斯克连发三条推特支持狗狗币，说狗狗币是人民的货币。在马斯克的影响下，狗狗币当天涨幅超过 70%，市值达到 100 亿美元。

到 4 月 1 日，马斯克又在推特上表示，自己的 SpaceX 火箭将会把一枚狗狗币送到月球上，紧接着就是 4 月这场疯狂的暴涨。4 月 21 日，狗狗币的市值已经达到了每枚 0.3 美元。

4 月 21 日，狗狗币在一天之内上涨了 34%，加上过去一个月里的涨势，狗狗币已经在一个月里上涨了 60%。而把时间放长来看，在 2021 年的前 4 个月里，狗狗币的涨幅接近 8000%。是的，你没听错。

2. 柴犬币（Shib）

正当狗狗币如日中天之时，狗狗币的杀手——柴犬币前几天似乎一夜之间爆发了！有人说 2021 年是加密货币的“狗”年。狗狗组合 Dogecoin 和 Shiba Inu（Shib）引领了“Meme 币”的队伍，价格和市值飞速上升。截至 2021 年 11 月，Doge 自年初以来已上涨超过 8000%，在 CoinMarketCap 上按市值排名第 9。

它的竞争对手 Shib，自 1 月以来已经上涨了超过 600000 倍。柴犬币又是何方神圣?

柴犬币是一种在以太坊区块链上运行的模因加密货币。它是由一位名叫 Ryoshi 的匿名开发者在 2020 年 8 月创建的，他的身份和比特币的创造者中本聪一样神秘。顾名思义，Shib 的灵感来自日本的狗种柴犬。

柴犬币的总供应量为 1000 万亿枚。当它首次推出时，Ryoshi 将总供应量的 50% 锁定在 Uniswap，以提供流动性。Uniswap 是以太坊区块链上的一个自动做市商（AMM）协议，是去中心化金融（DeFi）领域最成功的项目之一。

其他 500 万亿枚柴犬币被送到以太坊联合创始人 Vitalik Buterin 手中。他决定烧掉 90%，并将剩余的捐给印度 COVID-19 救济基金。

柴犬币最早上了 Uniswap，当时价格很低，后面有 10 个 0。这个币基本上知道的人不多。它是在狗狗币暴涨后，大家才慢慢知道它的。

柴犬币在短短两个多月的时间，迅速在各大社群走火，当然在火的同时与大佬的站台也是分不开的，比如，币安创始人赵长鹏也买了几百元的柴犬币，而且发了推特。3 月 14 日，特斯拉首席执行官马斯克发推文表示，他将在自己家养一只柴犬。这条推文快速地在推特上传开。而且，这条推文起到让大家疯狂去购买柴犬币的作用。

CoinGecko 数据显示，在马斯克发推文后的几小时内，柴犬币的价格上涨了 300%，Shib 一时间引起热议。

图 5-3　马斯克推文截图

5 月 9 日，官方发布推文，柴犬币是一种狗币，天生就超过 Doge。我们在 @Coinmarketcap 中排名第 26 位。在不到一天的时间内，我们有了 50000 个新的持有者。我们拥有强大的 tokenomics 和为我们的社区构建的交换。我们有去月球的意愿。这个“粉丝”增长速度非常惊人！

图 5-4　推文截图

由于柴犬币价格低，买的人也非常多，而且有大佬的喊单，朋友圈迅速传开了柴犬币利好的消息，除了马斯克，还有 V 神的影子，柴犬币并没有像很多“土狗”项目割一波走人，社区的发展非常迅速。

据官方介绍，柴犬币是一个去中心化自发社区建设的实验。柴犬币总供应量的 50% 已放入 Uniswap，并丢掉了私钥，剩下 50% 转至 V 神地址。

这意味着用户可以在 Uniswap 里自由买卖，团队丢掉私钥意味着放弃管理权，由于 Shib 价格很低，所以有的用户持有数十亿甚至上万亿数量的柴犬币。

5 月 8 日，柴犬币在 OKEX 交易平台上线，上线当天币价涨了 10 倍左右，紧接着币安交易所也上线柴犬币，柴犬币再次被引爆，柴犬币又涨了 2 倍左右！柴犬币从上线到现在目前已经涨幅 20 多万倍了。

24H最高	¥0.000151	24H量	465.40万亿
24H最低	¥0.000100	24H额	¥618.17亿
24H波幅	+50.78%	量比	1.32
总市值	¥1330.55亿	BTC相关性	0.09
历史最高	¥0.000248	首日开盘价	¥0.0000000064
历史最低	¥0.00000006	投资回报	+206399.00倍

图 5-5　柴犬币的走势分析表

四、中国人创造的加密数字货币

1. 币安币（BNB）

关于币安币的介绍详见本章第一部分。

2. 比特现金（BCH）

比特现金诞生于2017年，是比特币的分叉币。在分叉之前，比特现金和比特币同属一条区块链，拥有相同的数据，分叉之后，二者数据不再相同，开始以不同的代码运行。

关于比特现金的由来，要从比特币的扩容之争说起。

2016年，也就是加密货币超级牛市的前夜。随着比特币价格的上涨，比特币链上交易逐渐活跃起来，但随之而来产生了一个问题：拥堵。

由于比特币网络转账交易的暴增，导致手续费持续增加，而矿工则会优先打包手续费高的交易，于是，手续费低的交易就会一直处于待打包状态，高峰时期，一笔交易延迟长达几个小时甚至几天。

比特币网络的拥堵问题由来已久，几乎每轮牛市都会出现，而比特币社区也一直在努力寻找方案，经过长达数年的讨论，最终产生出两种路线：

一种是通过扩大区块容量提高交易速度；另一种通过闪电网络和隔离见证等技术解决速度问题。

目前比特币的区块大小是1M，如果将区块大小提高至8M，速度显然会大幅提升，这就好比高速公路由单车道变成8车道，堵车问题必然会有所好转。

至于闪电网络，也就是在链下创建一个支付通道，用于小额转账，这就好比在一条高速路边上修建一条匝道，从而提高小额支付的速度。

由于双方未能达成一致，最终在2017年8月1日，由比特大陆等矿机厂商支持的微比特团队挖出了第一个区块，比特币完成硬分叉，比特现金诞生。

比特现金的区块容量达到了8M，可以容纳比特币八倍以上的交易，并且不兼容隔离见证。自此，二者区块数据不再同步，分别由不同的团队进行主导，由于比特现金大部分开发者来自中国，因此也被称为中国版的“比特币”。

由于来自比特币，比特现金整体上延续了比特币的风格，例如相同的PoW共识机制、相同的减半机制、总量2100万枚等，但也有三个方面不同：

区块容量。比特现金区块容量为8M，比特币为1M。

算法难度不同。比特现金采用动态难度调节模式，加入的节点越多，难度越高，反之下降；比特币的算法难度会随着被挖出的比特币数量增加而增加。

社区认可度不同。比特币在全球拥有广泛的共识，引起许多投资机构的重视，而比特现金的社区认可度则低于比特币，例如，推特“粉丝”仅有962个。

比特现金诞生以后，与比特币相比，比特现金的波动性更高。由于比特现金与比特币同样具有减半机制，属于减半概念币。2020年1月，4年一次的减半行情开启，比特现金率先反弹，58天涨幅182%，带动整个减半概念币暴动，成功点燃2020年牛市的热情。不过现如今它只有比特币市值的10%左右。

3.MDX 币

MDX 币是去中心化交易所 Mdex 的平台代币。Mdex 是基于火币生态链（Heco）和币安链（Bsc）的双链 DEX 模型，并支持流动性和交易挖矿的"双重挖矿机制"。

Mdex 致力于打造火币生态链 Heco 上的集 DEX、IMO、DAO 为一体的 DeFi 平台，为用户提供更加安全可信、资产选择和配置更多样化、预期投资回报率更高的去中心化代币兑换服务。

Mdex 的平台代币 MDX 的总供应量约为 10 亿枚，其中 10% 作为团队奖励，用于团队运营、技术研发等，上线一个月后分 24 个月智能合约解锁。7% 作为早期投资者份额，为 Mdex 的发展提供更充足的资金与资源；3% 用于市场推广和品牌建设；均为上线后分 12 个月解锁。剩余的 80% 用于 Heco 上的流动性挖矿和交易挖矿。

据悉，Mdex 的创始人是中国人，并且 Mdex 是 Heco 链上的头部去中心化交易所，同时在 DEX 排名里面紧追 Uniswap，稳居 DEX 排名第二。

4.LON

LON 是 Tokenlon 发行的应用型代币，全称 Tokenlon Network Token，用于激励网络生态中参与的各方，确保各方能够参与并协力推动生态的发展。

Tokenlon 是由 imToken 孵化的，基于以太坊智能合约的 DEX 是基于区块链网络实现的去中心化交易协议。

在这里要简单介绍一下 imToken。imToken 是杭州融识科技有限公司开发的一款全球领先的区块链数字资产管理工具，是全球最大的以太坊钱包、国内第一大加密货币钱包，官方披露的用户最高达 1000 万人。

2018 年 5 月 31 日，imToken 宣布获得 IDG 资本（IDG 资本已经在中国投资了超过 600 家公司，包括腾讯、百度、搜狐、搜房、宜信、小米、携程、金蝶软件、奇虎 360、传奇影业等公司，已有超过 150 家所投公司公开上市或并购。）1000 万美元的 A 轮投资。2020 年 7 月 5 日，imToken 首席架构师陈恺参加由杭州市余杭区政府指导，杭州未来科技城管委会、巴比特主办的“2020 杭州区块链国际周”活动。

LON 发行总量为 2 亿枚，目前流通量约 2000 万枚。作为 LON 的发行方，Tokenlon 由 imToken 投资孵化于 2017 年，后基于整合 Kyber 和 0x 等协议的经验，历经五次迭代，在 2019 年推出独创的 RFQ 柜台报价模式。秉持低门槛、零信任、无间断、无单点的区块链特性，实现了去中心化钱包内币币交易功能。

在一年多的时间内，Tokenlon 实现了 10 亿美元累计交易量，并将去中心化交易体验带给了超过 7.6 万个用户。

从交易量看，Tokenlon 排在目前所有 DEX 的第七位，而 Tokenlon 的当前市值，则属于明显低估。Tokenlon 也是 DEX 排行榜前十位已发币项目中，唯一一个流通市值低于 1 亿美元的项目。

根据经济机制，Tokenlon 协议所收取的手续费用将被用于在公开市场上回购 LON，回购所得的 LON 将根据经济参数用于质押奖励以及财库储备，回购的手续费收入也不至于对币价造成显著波动，而是提供稳定的持币信心和激励。这是一个良性循环机制，却不知项目方在下怎样的一盘大棋，相信在未来的某个时间点会一飞冲天。

5.OKB

OKB 是由 OK Blockchain 基金会发行的全球通用积分，OKB 不做 ICO，不公开向投资者募资。

OKB 初期基于以太坊 ERC-2.0 协议发行，目前已经转移到自研的公有链 OKChain 之上。OKB 作为国内老牌交易所 OKEX 的平台币，还没发行已经引来很多关注。

平台币有别于一般区块链项目的代币，平台币的价值完全来自平台（交易所）。

最早 OK 上没有那么多币种，就是 BTC、ETH、LTC 等这些主流币，“九四事件”以后，一个刚兴起的交易所币安靠着其平台币 BNB 迅速崛起，很快排到世界第一交易所的位置，这里面 BNB 功不可没。币安的成功，让其他平台都看到了平台币的重要作用，包括 OKEX。

于是，交易所发现平台币是提高用户黏性的好方法，同时也增加了平台的资金；而对于平台用户来说，相当于投资了平台，平台发展的越好，利润越高，用户的收益就越大。

OKB 发行总量 10 亿枚，按照回购销毁计划，于 2019 年 5 月 4 日开始回购销毁，在 2020 年 2 月 10 日官方宣布已销毁 7 亿枚 OKB，目前市场流通量只剩 3 亿枚。

OKB 在 2021 年从最低不到 6 美元一路涨超 42 美元，目前稍有回落。

五、对经济、金融和社会的影响及政府的监管政策

1. 对经济、金融和社会的影响

随着加密数字货币不断地被一些机构和个人所认可，加密数字货币的应用场景和范围亦将逐步扩大，对经济、金融和社会影响也日益增强。随着互联网的发展，加密数字货币的发展也水涨船高，加密数字货币本质的去中心化属性和隐私性与传统的中心化金融体系天生就存在矛盾。所以加密数字货币的发展关乎经济、金融和社会各个方面，涉及其中的利益相关方，包括政府（国家）、加密数字货币持有人（投资者）、加密数字货币发行人（ICO 融资者）以及加密数字货币交易商。他们在加密数字货币体系中角色定位不同，承担的风险亦各有差异。

从加密数字货币的持有人（投资者）角度看，投资者面临的主要风险包括在交易和持有过程中的市场风险，来自平台和交易对手的信用和欺诈风险，来自系统技术安全漏洞、故障以及自身等操作失误的技术和操作风险，以及来自非法交易承担的法律合规风险等。

加密数字货币尚处于早期发展阶段，其价值和价格形成机制还远未达到市场共识，价格剧烈波动，市场风险很大。

2013 年，曾经在美国发生的著名毒品、武器犯罪网站“丝绸之路”（Silk Road），就是利用加密数字货币匿名性和远程交易的便利性，诱使人们利用加密数字货币从事毒品、枪支等各种非法交易，致使加密数字货币沦为犯罪工具，加密数字货币持有人遭受法律风险。

此外，2014 年 2 月，曾经是世界上最大的比特币交易所门头沟公司（Mt. Gox）因无法到期兑付投资者存于该公司的比特币而宣告倒闭，致使大批投资者遭受重大信用风险，血本无归。

从政府（国家）角度看，加密数字货币无序和野蛮发展不仅会侵蚀

国家货币主权（损失铸币税），扰乱正常的金融和经济秩序，更重要的是当前加密数字货币的无序发展已严重危害国家金融安全，诱发系统性金融风险。

加密数字货币的匿名性和易于跨境支付，如果监管不力，则为跨境洗钱和恐怖犯罪活动提供了便利条件。福莱（Foley）等对 2009—2017 年的比特币交易用户数据进行分析，在比特币交易中，25% 的用户、44% 的交易次数、20% 的交易金额和 51% 的持有量与非法活动有关。

从时间上看，非法活动的交易金额占比虽有所下降，但是绝对数量仍持续增加。

2013 年 5 月，美国汇兑公司 Liberty Reserve 因涉嫌洗钱和无证经营资金汇划业务被美国国土资源部取缔从事虚拟货币交易业务权利。该案件涉及洗钱金额高达 60 亿美元，成为历史上最大的国际洗钱诉讼案例。2017 年 6 月，我国深圳警方侦查发现，普银公司通过“趣钱网”平台，利用加密数字货币手段非法吸收公众资金达 3.07 亿元。

从加密数字货币的交易商和加密数字币发行人角度看，他们从事加密数字货币业务除遭受各类市场风险、信用风险、法律合规风险之外，更严重的是遭受技术安全漏洞和重大操作失误所引发的技术和操作风险。

2018 年 3 月 7 日，著名加密数字货币交易所——币安（Binance）遭受来自网络黑客的袭击，导致 7 小时内币安加密数字货币市场的市值蒸发了 200 亿美元，48 小时内蒸发了 750 亿美元。

2016 年 6 月，黑客利用 The DAO（分布式自治组织）项目中代码里的一个递归漏洞，从 The DAO 资金池里分离资产，然后，利用 The DAO 的第二个漏洞，规避资产被销毁。通过两百多次攻击，黑客总共盗走了 360 万的以太坊，超过了该项目筹集的以太坊总数目的三分之一，对以太坊乃至整个“币圈”造成严重打击。加密数字货币的风险成因及来源参见表 5-1。

表 5-1　加密数字货币风险成因及来源

风险主体	风险类型	风险来源	导致风险的原因	备注
政府机构	系统性风险	数字币发行和交易	数字币冲击现行或政策调控体系，数字币冲击传统金融体系	数字币冲击传统金融体系，产生系统性风险
	安全风险	投资者与数字币交易所	洗钱、恐怖融资、数字币的跨市场和跨境交易遭受黑客攻击危害主权国家金融安全	
数字币持有人或投资者	信用风险	项目发起人与数字币交易所	项目发起人破产、跑路，交易所倒闭、跑路，交易所欺诈	导致投资者资产损失
	市场风险	宏观政策和市场环境	各国针对加密数字货币出台的政策和全球宏观经济等因素	大环境导致币价下跌，投资者受损
	技术和操作风险	数字币交易所	由于交易所的技术及网络系统等原因	导致持数字币持有人不能及时操作，遭受损失；或者交易所受到攻击导致资产丢失
	流动性风险	数字币交易所	交易所流动性缺失，资产交易不畅	流动性不强导致数字币持有人不能流畅地在交易平台进行交易
	法律合规风险	政策制度	法律不完善，监管存在漏洞	对数字币的合法性和持有人的资产安全不能得到保障

续表

风险主体	风险类型	风险来源	导致风险的原因	备注
数字币发行人和交易所	信用风险	投资者	投资者因为突发事件不能履约或恶意毁约	导致项目团队不能顺利进行项目
	市场风险	宏观政策和市场环境	利率变动，其他价格变动	因利率等宏观经济变量的变动导致币价波动使发行人或交易平台遭受损失
	技术和操作风险	数字币交易所	交易所操作失误或技术和系统原因遭受外部黑客攻击	
	流动性风险	数字币交易所	交易所流动性缺失，数字币流通不畅	
	法律风险	政策制度	非法集资，涉嫌非法泄露用户信息，涉嫌洗钱	政府的监管政策

2. 政府的监管政策

从加密数字货币的监管实践看，日本、英国、加拿大、澳大利亚、新加坡、德国和瑞士等国家对加密数字货币持支持和友好态度，并在政策上鼓励发展。

例如，2017 年 4 月，日本政府通过修订《支付服务法案》在法律上正式承认加密数字货币的合法支付地位。新加坡对加密数字货币实行分类监管，即资本市场产品（Capital Market Product）遵循证券和期货法案。工具性通证（Utility Token）产品，则相对自由和灵活。这两类产品，只要遵循 AML 和 KYC 等法规，通常政府监管当局就不会干预。

同时，新加坡还鼓励和允许加密数字货币进入监管沙盒进行监管实验，以促进加密数字货币更好地发展。英国监管当局采用“沙盒监管”手段对加密数字货币进行监管实践，为加密数字货币发展提供宽松和试验空间。2018 年，英格兰银行进一步发表声明，期望将加密数字货币交易所提升至与证券交易所同等管理标准，在打击加密数字货币的非法金融活动的同时，规范和促进加密数字货币发展。加拿大监管部门将 ICO 代币定义为证券，并实现了国内 ICO 项目合法化。

2021 年 6 月 9 日，萨尔瓦多国会批准了总统有关比特币的提案，该国成为世界首个将比特币作为法定货币的国家。

另一方面，美国、法国、俄罗斯、韩国等国家对加密数字货币采取更为谨慎的态度。随着比特币等加密数字货币的发展，美国政府和监管当局建立了包含税收、反洗钱等多方面监管机制。

一是从保护消费者的角度，各州政府根据实际情况创新监管制度规范加密数字货币发展。

例如，纽约州制定了《虚拟货币监管法案》，通过反洗钱措施来维护加密数字货币消费者利益。加利福尼亚州出台了《监管数字货币法案》和《虚拟货币商业统一监管法》，强制要求经营加密数字货币机构依法许可经营，加强网络安全和反洗钱监管，推动美国加密数字货币监管进程。

二是实施多重监管。美联储等银行监管机构利用《银行安全法》中的客户认证（KYC）、反洗钱（ALM）指施等加强对加密数字货币监管。

美国证券交易委员会对加密数字货币投资者进行风险提醒，强调在一定时期加大监管力度。美国国税局将加密数字货币视为财产，并将加密数字货币交易纳入缴税范围。美国商品期货交易委员会将比特币等加密数字货币列入大宗商品范畴，并拥有对不当交易行为进行惩罚的权力。韩国监管当局对加密数字货币监管对象主要是为加密数字货币交易所提供账户服务的银行，要求加密数字货币交易实行实名制管理，旨在加强银行反洗钱等方面的合规性和透明度。

另外，韩国金融服务委员会明确表示，鉴于加密数字货币可能会对韩国的货币乃至整个经济系统造成严重影响，禁止所有类型的代币融资（ICO）。

2014 年，俄罗斯禁止加密数字货币交易，关停多家网站与社区。近年来，俄罗斯政府和监管当局对加密数字货币态度转向积极。

2017 年，俄罗斯中央银行批准该国第一家合法的加密数字货币交易所 Voskhod。2018 年，法国政府成立工作组制定加密数字货币监管法律法规，以防范加密数字币交易逃税、洗钱或资助犯罪等活动。而且，法国金融市场监管局也在考虑加强对加密数字货币衍生品监管。

中国政府和监管当局从保护投资者利益、防范金融违法和维护金融稳定出发，对比特币等加密数字货币交易及相关业务一致采取较为严格的监管和控制。

2013 年，中国人民银行等五部门合发布《关于防范比特币风险的通知》，禁止银行及相关清算机构从事加密数字货币业务活动。

2017 年，随着加密数字货币的发展，利用发行代币进行融资（ICO）盛行。鉴于加密数字货币交易平台违法融资融币和利用加密数字货币洗钱和诈骗等违法行为频发，对我国金融稳定和金融安全造成严重危害。

2017 年 9 月，中国人民银行等七部门发布《关于防范代币发行融资风险的公告》，及时停止 ICO 融资活动，旨在维护金融市场稳定，保护消费者利益。随后，相继关停了加密数字货币交易平台的注册渠道和提现业务，全面封杀比特币等加密数字货币交易渠道。同时，加快推进法定货币数字化进程，积极制定和修改法定加密数字货币原型方案，探索和研究数字人民币。

2021 年 5 月，国务院金融稳定发展委员会第五十一次会议要求，坚持底线思维，加强金融风险综合扫描预警，推进中小金融机构改革，降低信用风险，加强对平台企业金融活动的监管。打击比特币挖矿和交易活动，坚决防止个人风险传导到社交领域。

2021 年 6 月，中国人民银行就虚拟货币交易和炒作约谈了部分银行和支付机构，随后工商银行、农业银行、建设银行、兴业银行、邮政储蓄银行、支付宝纷纷发表公告禁止开展比特币等虚拟货币交易。

2021 年 9 月，中国人民银行等十部门发布《关于进一步防范和处置虚拟货币交易炒作风险的通知》、国家发展和改革委员会出台了《关于整治虚拟货币“挖矿”活动的通知》，进一步明确虚拟货币及相关虚拟货币活动的属性，明确了应对虚拟货币交易炒作风险的工作机制，并提出加强对虚拟货币交易炒作风险的监测；多部门联合打击整治比特币挖矿活动。

目前，加密数字货币已引起各国政府高度关注，全球主要国家已开始着手建立国际关于数字货币的监管协调机制框架。

正如中国社会科学院投融资研究中心主任黄国平所言，作为新生事物的数字货币，人们对其本质内涵和发展影响的理解远非深刻、全面，各国监管当局和国际组织对数字货币的监管理念方法和法律制度方面仍然存在分歧和差异。

6

Bitcoin

第六章
浅析比特币的价值

要知道，当初纸币取代黄金时，人们也抱持着怀疑的态度。

——劳埃德 · 布兰克芬　高盛公司首席执行长

一、从宏观视野分析

1. 用数学降低减熵共识中的人性权重

根据热力学第二定律，宇宙天然熵增①，最终将无序而归于热寂。

天文望远镜的观测也从实际验证了这一理论。

人类有史以来的所有努力无非是追求构建暴风雨中一只茶杯内的秩序。

但熵减共识②中的人性却常引我们误入歧途，徒耗生命。

只有数学的共识才是无争议的真实。

2021 年 12 月，其算力已高达 1.8 万万万亿次哈希碰撞 / 秒，这算力可以看作用硅基的数学运算为人类构筑数字世界的共识壁垒，或曰驶往外星（Exoplanet）的共识方舟。

---

① 熵增定律是克劳修斯提出的热力学定律。克劳修斯引入了熵的概念来描述这种不可逆过程，即热量从高温物体流向低温物体是不可逆的，其物理表达式为:S=fdQ/T或ds=dQ/T。这种熵增是一个自发展不可逆过程，而总熵变总是大于零。

② 熵减共识：人类的所有努力都是追求熵减，即对抗大自然的熵增定律，致力于更加健康、长寿、聪明，人类可以通过摄取外部的能量来让自己的生命延续，让原本虚弱的身体重新健康起来，这个过程就是一个熵减的过程。也就是说人类从诞生的那一天起，熵就会出现，同时熵值也会不断增加，可是这种增加却是可逆的。

2. 可同时推进民主与科学的利器

人类有史之来的熵减共识，努力追求的无非两大目标：民主与科学。

而很多时候，这两个方向是平行的，甚至互不相干的，我们个人的努力或者项目的进展，往往仅侧重于二者之一。

比如，华盛顿的成就侧重于民主，而爱因斯坦的贡献则在科学。

而“二战”时的德国，科学很发达，民主却被践踏。

区块链，迄今为止，似乎是人类可以同时推进民主与科学的伟大工程。它的分布式共识，当然就是民主的最好实践。

而它在AI、5G、云计算、芯片、Fintech（金融科技）、智能合约等领域的广泛运用，更是加速科技，牵引我们奔向外星的“火箭”。

3. 圣洁的开始，逆袭的风口

区块链是目前人类唯一一个反人性的圣洁的创造：创始人中本聪从未露面获名，也未售比特币得利，可谓名利双抛。

而且比特币一开始就是开源的，就是自组织、自激励的，谁都可以自由选择加入或退出，机会开放。你虽错过了上个13年，但今后十年、百年却可自主把握。

从这个角度看，比特币仍然是底层跃迁，打破阶级固化，实现财富自由的最佳逆袭风口。

机会永远属于有备者。

4.Exoplanet（外星球）的价值

人类向外星移民早已不是梦想，而是三五十年内可期的现实。

那么，将来我们在月球、在火星上建立的新国，或曰新的政治经济实体，将采用何种货币、何种价值锚定物呢？

货币大概率是数字币，而价值锚定物也绝不会是美元、美债或中国房地产，也不可能运几万吨黄金上天，甚至外星上完全可能发现取之不尽的黄金等稀有金属。

现在比特币的算力已高达 1.8 万万万亿次哈希碰撞 / 秒，这算力才是人类奔向外星时真正有价值的锚定物和价值贮藏工具。

5. 稳步跃升的安全性

2019 年 9 月 21 日，美国谷歌公司研究人员在 NASA 官网上发表论文，称其所研究的量子计算机仅需 200 秒就可完成目前全球最快超级计算机（“超算”）Summit 需一万年才能完成的计算。

谷歌方还对此称“这意味着首个只能由量子计算机完成的工作已经出现并完成”，将之誉为“迈向全面量子计算机的里程碑”，并使用了“谷歌获得量子霸权”的字眼，引发了广泛轰动。

该消息发布的第二天比特币大幅波动。

9 月 23 日、26 日，笔者两次与英国帝国学院数据科学研究所所长郭毅可院士对此进行讨论，在场的还有中国台湾前领导人马英九、江宜桦等。

郭院士说：“一台快但错误率畸高的量子计算机远不足以取代传统‘超算’。”“至少还有三五十年的路要走。”

历史上看，类似超导的研究，1911 年，荷兰科学家昂内斯（Onnes）就取得了突破，并荣获诺贝尔物理学奖。1980 年，笔者上川大物理系时，当时学界已对超导材料进行研究，各国也陆续有了新的进展，但实际在一百多年后的今天，超导体也只有在 -70°C 下才能发挥作用，并未引发室温下的新的现代工业革命。

比特币诞生这十三年来，经历了分叉、闪电网络、拥堵、矿难、瀑布式暴跌等各种考验，从未出现宕机。

相比之下，谷歌的所谓量子霸权离实现破解非对称加密的 Shor 算法③还相去甚远，对 SHA-256④这类的安全哈希算法更束手无策。

二、从微观视角分析

1. 与区块链同生共存

区块链的价值已为人类所共知，中共中央政治局为此发文件支持该技术。美国国会多次召开听证会。我国中央银行已发行基于区块链技术的数字人民币，Facebook 也正筹备发行数字币 Diem，并于 2021 年

---

③ Shor算法以数学家Shor命名，是一个在1994年发现的，针对整数分解这题目的量子算法（在量子计算机上面运作的算法）。它解决如下题目：给定一个整数N，找出他的质因数。

④ SHA-256哈希算法：SHA-256是SHA-2下细分出的一种算法；SHA-2，名称来自安全散列算法2（英语：Secure Hash Algorithm 2）的缩写，一种密码散列函数算法标准，由美国国家安全局研发，属于SHA算法之一，是SHA-1的后继者。

10 月 20 日，正式在美国和危地马拉这两个国家之间开启了 Novi 数字钱包应用的小型试点。用户可以即时、安全且免费地在两国之间发送和接收资金。

过去，笔者曾认为比特币与区块链同生共存，互为表里，就如鸡与蛋的关系一样密不可分。

经过近两年的进一步研究认识到，虽然区块链的构想最早可以追溯到 1991 年。两位科学家 Stuart Haber 和 W.Scott Stometta 为了防止时间戳文件不被追溯及篡改，推出了一种实用计算的解决方案。

该系统使用区块加密链来储存时间戳文件，并在 1992 年，梅克尔树（Merkle trees）也被纳入该系统。这种将多个文档归到一个区块的新技术，大大提高了效率。可惜该项技术后来无人问津，慢慢被弃用，专利也在 2004 年失效。

但真正把区块链与密码学、非对称加密算法、哈希算法等结合起来、集成起来，并推向实用的，是中本聪的比特币。

从这个意义上说，比特币是区块链这一划时代的数学分布式共识之母。

区块链在跨境结算、汇兑、供应链金融、保险、存证等全方位社会各种生活场景的落地应用，必将大大夯实比特币的信用。

事实上，从 2013 年开始，德国、日本、韩国、加拿大等多个国家承认比特币的合法性，并已在全球分布有上万台比特币的自动提款机。

2. 正在全面改造传统社会

比特币及其带来的区块链正走向“区块链 +”正在全面改造我们所处的世界，仅就金融而言，它至少已带来了六大改变：

（1）它首先带来了革命者梦寐以求的金融平权，即开户无须事先被审查被许可。

（2）成本极高的中介（包括银行等金融机构）都可能被点对点的数学算法替代。

（3）交易与清算同步完成，中心化的记账主体消失，传统的年终轧账消失。

（4）存折存单等消失，私钥即权属证明。

（5）交易边际成本趋零，国际汇兑等高成本、繁手续成为传统。

（6）记账时间由传统金融的以日计，变为秒计。

2021 年 9 月 7 日，萨尔瓦多正式承认比特币为国家法定货币。2021 年 8 月至 10 月底，美国迈阿密市创建数字币 MiamiCoin 后已收入 710 万美元。这种数字货币由非营利组织 CityCoins 运营，用户可以在城镇或城市投资。该软件挖掘居民创建的代币。它将收入的 30% 分配给城市，70% 分配给用户。

该市市长苏亚雷斯相信，这种加密货币会在 2022 年为迈阿密带来超过 6000 万美元的收入，并最终取代社会项目的税收。

而纽约新当选市长埃里克 · 亚当斯（Elic Adams）希望效仿佛罗里达州的迈阿密币（MiamiCoin），在纽约也创建一个全市范围流通的加密货币。他告诉彭博电台，此举将使纽约成为美国第二个用数字货币来收取收入的城市。此外，他还在 2021 年 9 月 9 日宣布，他计划用比特币领取他的前三份市长工资，并誓要在来自美国其他城市日益激烈的竞争中，将纽约建设成为“加密货币行业的中心”。

亚当斯称，纽约市必须吸引加密货币领域里训练有素的人来这里工作，并承诺将研究废除“阻碍比特币和加密货币在我们城市发展”的法律法规。

他甚至还在推特上表示，他打算用以比特币形式拿工资，以回应迈阿密市长苏亚雷斯之前的承诺，即他将“100% 用比特币”作为他下一份工资的支付形式。

更为广义地看，比特币带来的数据与程序合二为一，可以说是人类自图灵机、冯诺依曼现代计算机以来的第三次计算革命。它正在带来的加密货币与法币之争，实际上就是市场与计划之争，数字时代与传统社会之争。

3. 数字时代之钥

人类正在进入万物互联的数字时代，所有通电设备甚至人体将来都可能有芯片，都可记录、存储、演算数据。

数据将成为最大的财富，我们的信誉、语言文字、声音、创造力、权力、偏好等都可编程，都可数据化，从而为人类每一行为的价值量化、可测量化提供了依据。

而区块链则可为数字资产用一串字符组成的密钥确权并提供安全保险之锁。

资产不确权，如农村的小产权房，是没有多少价值的。

我们的言论曾经需要报纸、杂志、电视、广播、出版社、通讯社的加持背书才能广泛传播，为大众所接受。互联网，别是移动互联的崛起，使传统媒体日益衰落，马斯克的脸书影响可能超过一个报业集团，川普的推特常常令美联社、路透社打脸。

过去我们的资产是否有价值需要权威机构如工商局、房管局等认定、加持，而区块链则可以将我们的所有资产、所有场景，甚至我此时落笔写作时的表情数据化、资产化，如手机可以利用我们排队等候等一切碎片化时间一样，区块链也可以整合我们一切碎片化的数据，并确权。

同时，我们要自主掌握自己的数据资产，把自己的诸如病历、购物偏好、旅游及住酒店习惯等数据从医院、电商、携程收回，锁进自己的数据黑匣子。

比如，在与制药公司谈好售价后，可以自主地向他解锁自己的病历、家族病史、基因图谱等。而这个数据黑匣子的保险之钥，也正是非对称加密的区块链。

4. 区块链实现了个人财富的完全独立自由、自主

为什么英国作为一个小岛，却导引人类率先诞生了现代工业文明和政治文明？

因为英格兰早在 12 世纪就产生了真正意义上的个人财产权，即财产持有者，充分享有对自己财富的处理权。

英格兰人可以自主、自由地传递自己的财富，可赠给教会、可扶贫济困，可给一只狗、一只猫，可给外姓人，而不一定非给自己的子女，就算给，也可以只给长子而不是其他孩子。他们不以家庭、家族为单位，不强调家庭共同拥有财富，而是完全的个人主义、个人自由。

而其他国家却不是这样的，他们的财产可能被家族束缚，要按照家庭的传承、风俗或族规、法律的规定，把财产平均或部分平均地分给子女或继承人，而不能由财产持有者自主处置。

所以在英国小说中，经常看到异乡打工自谋生路的年轻人，会意外地从远房亲戚处收到一笔财产。

这感觉仿佛是父母不关心有血缘关系的直系亲属，道德有所缺失

等，实际上却有利于社会发展，包括迫使年轻人自主创业，特别是明晰了个人财产的独立自主权，有利于个人价值，实际上是个体生命光芒的彰显。

而现实中个人财产往往是局限的，比如进出海关有携带黄金、货币的数量规定。更有甚者如委内瑞拉、津巴布韦等国，独裁者不受制约地滥印钞票、掠夺国民，可以让几乎所有人一夜赤贫。

滥发的钞票也可能偷偷地盗走你的财富，即使相对稳定、政府超发的狂欲受联储控制的美元，现在的购买力也不到 100 年前的 5%。

云端加密的比特币却可以让你个人的财富自主权在地球乃至在人类将来可能涉足的外星（Exoplanet）中得到充分保证，法院、警察、离婚、边检都不可能强制拿走你的财产，也不可能通胀缩水。

在如何对待私有财产权的问题上，我们还有一个根深蒂固的错误：认为财产权是个经济学问题，最多算半个政治学问题，实质上，财产权是最重要的政治哲学，财产权是自由的先导。

经济学大师米塞斯将自由的定义浓缩为一个词——私有财产，而经济学家霍普在《私有财产的经济学与伦理学》中则“匪夷所思”地指出，不是因为财产权能够保障我们的自由和幸福才重要，而是因为私有财产本身就是公理，这一公理是一切认知的起点，而非工具。

5. 数字时代的高流动性

封闭型农耕社会的最大特点即缺乏流动性。

交通、信息不畅导致各种割据。1992 年，我在海南岛工作时，听说小小的岛竟有三四十种方言，甚至同一个县的人，隔一座山就听不懂对方的话。

中国北方相对平旷，交通方便使各省即使方言略有特色也能互通，包括四川话、云、贵、鄂等都属于北方语系。

南方由于山岭逶迤，沪、闽、粤等有些方言甚至难于外语，1990年到1991年，我在深圳大学当了两年老师也听不懂广东话。

我国哪怕14亿人使用同一种文字，但在前互联网时代，信息交流也并不便捷，需要报纸、杂志、广播、电视、各级文件、书号、通稿等媒体传播信息，它们基本上是树状结构，比如从《人民日报》→《宁夏日报》→《银川日报》，或者从省军级→地师级→县团级，从党内→党外，等等。

互联网，特别是移动互联网兴起后，人类的信息交流从树状变成了网络状，有些个人网红、大咖的“粉丝”甚至上千万，远多过可能有数百亿固定资产的报业集团，比如《重庆晨报》在最鼎盛时期有70万份的发行量。

财产要有价值，第一需要确权，即要有权威机构如房管局来鉴定、颁证，未确权的近郊农村小产权房，哪怕与15万元/㎡的小区有10米之隔，也不值钱。第二要有市场，可流动、可交易。正在到来的5G、6G乃至更高维数字时代，将使我们的每个通电设备包括人体都植入芯片，都可记录、存储、联网、分类、计算每一微小的碎片化的数据变动。

万物、万象都将被数据化，同时经区块链确权的数据又在全球，包括将来人类外星殖民地的每个角落、365天24小时可流动、可交易，打破现在由国界，由美股、A股、港股、集邮市场、古玩市场、农贸市场等各自分割、画地为牢的僵局。

那将是一个多么青春美丽、风云际会、气象万千的磅礴之态啊！

6. 比特币的市值

到 2140 年，比特币可以全部被挖出，共计 2100 万枚，现在已被挖出的约 1900 万枚，据分析大致有 400 万枚因忘记秘钥而永久丢失。鉴于不可能通过硬分叉来恢复丢失的比特币，这 400 万枚实际上已无法找回。

2017 年底，比特币的价格最高达 2 万美元，2019 年 6 月最高为 1.36 万美元。由于新冠肺炎疫情与油价狂跌的双杀效应，比特币从 1 万多美元暴跌至 2020 年 3 月 13 日的 3800 美元，创 6 年来最大跌幅，导致加杠杆抵押贷款的 10 万人爆仓，BTC 全网爆仓总金额达 29.3 亿美元。

但新加坡交易商 Exoplanet Capital 的 CEO Kevin 表示，“市场低迷并未削弱公众购买加密货币的热情，很多人已经将近期的下跌视为购买的机会”。“2020 年 3 月 13 日急跌以来，冒出了超出正常两到三倍的买单。”

按 2020 年 3 月 20 日每枚 5400 美元的价格，1400 万枚的总市值是 760 亿美元，还不敌星巴克的市值。到 2021 年 11 月，比特币最高每枚 6.9 万美元，市值已超过 1.8 万亿美元，仅逊于微软和苹果。

传统产业最大的公司沃尔玛、壳牌石油、中国工商银行等市值最高也就千亿美元级。

目前超过万亿美元市值的公司有苹果、亚马逊、微软、谷歌这四家互联网企业。

将来超十万亿美元的项目，在我看来，非开启万物互联的数字时代的比特币莫属。

比特币的哈希算力已达全球沙砾的数十倍，其通缩的特质及算力的壁垒所捍卫的数学共识导致了它不可磨灭的稀缺性，再加上它在全球乃至外星的安全性、高流动性，从一个较长的时段（比如 5 ～ 10 年）看，如果此物不是有价值的避险资产，何物敢称雄？

虽然较短的发展史及较少的参与者使其体量尚小，有时颠簸如怒海中的舢板，但真有朝一日成为航母，上船的成本又会让现在的所有有机会上船的人怨天怨地怨不公了。

比特币第一次减产，其价格在 18 个月内从 5 美元涨到 1000 美元；第二次减产其价格在 18 个月内从 450 美元涨至 2 万美元；第三次减半后的高点呢？突破 5 万乃至 6 万美元，都是有可能的预期。

京沪深的房价都曾创造不到十年涨十倍的奇迹，如按揭更是三五十倍的收益。

京沪深各 2000 万人，房均价超 1 万美元 / 平方米，人均 30 ～ 50 平方米，加上写字楼及公共建筑等，房地产市值都超过了 10 万亿美元。

京沪深房屋的购买者也就当地人和全国较少数有钱人。但十三年前从中本聪笔下飞出比特币这只蝴蝶，已吸引成千上万，甚至上千万人自组织自激励的有序参与，虽经各国政府，银行、名流打压质疑仍野蛮生长。

“风可以吹走一张白纸，却不能吹走一只蝴蝶。因为生命的力量，在于独立自主，在于独辟蹊径，在于不顺从。”

这是数学的力量，是人类从碳基的肉身升华到更高维的硅基生命的力量。

这正是我所理解的比特币的价值。

三、推动社会进步的价值

据本人的粗浅分析，比特币的底层技术——区块链将进一步推动社会进步。

中本聪于 2008 年 10 月 31 日的创世论文《比特币：一种点对点的电子现金体系》中，虽然希望比特币成为点对点的电子现金。

但十三年来自组织、自激励、全开源的发展却背离了中本聪的初衷：比特币似乎并不具备货币的相对稳定、可作为交易工具的属性，也没有法偿性与强制性等货币属性，而成了一种数字资产，所谓的软黄金。

如果说获得黄金靠的是物理的“淘金”方式，取得比特币则靠的是数学方式。

比特币成了原生的，用数学算法耗电“挖”得的数字资产，同时传统资产，如证券、房地产等也可望通过智能合约等方式数字化，并上链成为新的数字资产。

虽然比特币似乎不可能成为较为稳定的货币，但它带来的区块链技术却正在催生加密货币，比较典型的就 Facebook 等拟发的 Diem 和中国人民银行发行的 DC/EP。

这中间最大的亮点是 Diem，它居然不是国家发行，而由 Meta 发起的一个组织发行。

从 2019 年 6 月 18 日 Libra 白皮书 1.0 发布以来，已经由美国参议院、众议院等多轮审查，2020 年 4 月 16 日又发布了白皮书 2.0，最后被迫作了大幅调整，很多原定发起成员退出，最后定名 Diem。

考虑到 Meta 号称拥有 28 亿用户，又有 Coinbase、Uber 等大机构参与，Diem 可能很快会成为一款全球性的数字原生货币，在金融普惠、支付和跨境汇兑等方面取得诸多突破。

Diem 可用于支付，但与其他稳定币区块链不同的是，Diem 区块链和以太坊一样是可编程的。这意味着开发人员能在 Diem 上创建自定义的 App，基于一种被称为 Move 的智能合约开发语言，以确保网络安全。

Diem 交易费用“接近于 0”，在 Diem 区块链上，储备资产的利息收入将会付给验证人，这意味着他们不需要像其他支付公司那样从每笔交易扣除 1% ～ 3% 的费用。

Diem 已经确认是一种稳定币，与 Tether 和其他稳定币一样，将会得到传统资产的支持。按《财富》杂志最新报道，Diem 代币将与美元锚定。

与美元挂钩的 Diem 的市值和流通量不会固定，Diem 协会可以在 Diem 储备金增加时铸造代币，也能在储备金减少时销毁代币。

如果 Meta 拥有的 28 亿全球用户中有 10% 购买了价值 100 美元的 Diem 代币，那么 Diem 市值总量将会达到 280 亿美元。

这当然可以降低一些国家（比如美国）的资本管制能力，并重塑支付行业，其对全球金融业的冲击将远大于微信、支付宝对中国银行业的影响。

诺贝尔经济学奖得主哈耶克曾大胆设想：“能否通过市场自由竞争形成更加稳定的货币体系？”

这个设想正由数字人民币 DC/EP、支付宝、微信、Diem 等逐步变成现实。

数字人民币（Digital Currency Electronic Payment，DC/EP）目前由中国人民银行小规模试点发行。

DC/EP 目标是取代纸币流通。未来只要能接受电子支付的地方就能接收 DC/EP。

DC/EP 和微信、支付宝最大的不同在于它“双离线支付”，不需要联网就能完成转账。

现在微信或支付宝在相互转账时必须保证我们的手机都要联网。而 DC/EP 考虑到在极端情况下比如断网或者手机信号不好无法联网时，面对面的交易双方也能转账。这是微信、支付宝等所有电子支付系统都无法实现的。

用户使用 DC/EP，就要下载它的数字钱包。数字钱包中存储的 DC/EP 根据身份认证的程度进行额度限制。

如果不认证身份，数字钱包中存储的钱就很少，仅够日常支付；如果上传身份证备案，数字钱包中存储的钱就较多，可以大额转账；如果去商业银行或相关机构面签，则没有额度限制。

通过这种分级方式，中国人民银行可以对数字货币洗钱等非法活动进行管控和监督。

2019 年底，数字人民币相继在深圳、苏州、雄安新区、成都等地启动试点测试。2020 年 10 月，又增加了上海、海南、长沙、西安、青岛、大连等试点测试地区。目前，数字人民币试点测试规模正在有序扩大。

截至 2021 年 6 月 30 日，数字人民币试点受邀白名单用户已超 1000 万，开立个人钱包 2087 万个、对公钱包 351 万个，累计交易笔数 7075 万笔、金额 345 亿元。

数字人民币试点场景超 132 万个，兼顾线上和线下，涵盖批发零售、餐饮文旅、教育医疗、公共交通、政务缴费、税收征缴、补贴发放等领域。

数字人民币已应用于 2022 年北京冬奥运会，主要围绕北京冬奥会食、住、行、游、购、娱、医七大重点领域的支付服务需求。冬奥会试点部署无人售货车、自助售货机、无人超市等创新应用场景，并推出支付手套、支付徽章、冬奥支付服装等可穿戴支付设备。

在很多试用过数字人民币的消费者看来，同样是用手机刷一下即可付款给商家，数字人民币使用起来似乎与微信支付、支付宝等电子支付工具差别不大。

实际上，二者有本质的区别。根据《中华人民共和国中国人民银行法》修订草案（征求意见稿）的规定，“人民币包括实物形式和数字形式”。从经济价值看，数字人民币与实物人民币等价。

数字人民币将为公众提供一种新的通用支付方式，可提高支付工具多样性，有助于提升支付体系效率与安全。

数字人民币主要基于现金类支付凭证定位，主要用于零售支付，以提升金融普惠水平为宗旨，借鉴电子支付技术和经验并对它形成有益补充。

数字人民币具备特定优势。

一是数字人民币是国家法定货币，是安全等级最高的资产。

二是数字人民币可在不依赖银行账户的前提下进行价值转移，并支持离线交易，具有“支付即结算”特性。

三是数字人民币支持可控匿名，有利于保护个人隐私及用户信息安全。

数字人民币将保存在数字钱包中，并由钱包持有人无缝转移到其他人的数字钱包，工、农、中、建四家国有银行和中国移动等三家电信公司将充当钱包分销商而不是现金存管机构。用户将扫描手机上的条形码以进行店内付款或向其他移动钱包汇款。

中国人民银行将定期收到客户交易的副本，这些副本存储在混合的中心化数据库和区块链数据库中。

如果与外国货币当局达成双边协议，外国游客将可以在自己的手机上获得一个中国电子钱包。

支付宝和微信目前占在线交易的94%，DC/EP可以减少民众对支付宝和微信的依赖，以加强政府管理经济的能力，并减少比特币等数字货币的影响。

我国数字人民币目前已经领先全球，瑞典、新加坡和韩国等13个国家也正在测试试点。美国也着急起来，波士顿联邦储备银行与麻省理工学院合作，目前正在设计数字美元。

所有国家央行发行的数字货币都是基于由比特币带来的区块链技术。其加密交易的时间戳记录实现了货币的存储和可信交易的分布式处理。

由于央行数字币的主权信用由中央政府的财政保证，所以不像商业银行由于股本有限可能面临挤兑风险。

我国率先全球发行的数字人民币将来可以用于包括元宇宙等数字经济中，其信用必然大大超越目前流行的USDT等稳定币，甚至可能部分取代美元，成为全球储备货币。

移动互联网在仅仅两三年的时间里，就破除了新闻、言论由电视广播、报刊、出版社垄断的历史，网红们不再需要书号、权威背书，大嘴川普的Twitter影响远超美联社、《纽约时报》。

可以预见，在DC/EP、Diem等加密货币正式推出后，很快各国劳动人民在货币的选择上将有更多的自主权。

四、促进科技发展的价值

1. 用数学降低了人类熵减共识中的人性权重

热力学第二定律从理论上推导出宇宙天然而熵增，天文望远镜的观测也从实际上验证了所有天体都正在离我们远去，最终将无序而归于热寂。这就是熵增定律：在一个封闭的系统里，如果没有外力作用，它就会不断趋于混乱、无序。

“万物生长靠太阳。”所幸地球有太阳这个麦克斯韦妖，以自己的衰变为代价而源源不断地向地球注入外力，使地球生机盎然，使人类在有限的范围内以熵减构建秩序。

而基于人性的熵减共识很可能误入歧途。

就我国而言，2000 多年前的春秋战国时代，反而比元明清更民主。

中学学古文，2000 多年前，司马迁的《鸿门宴》晓畅生动，不到 100 年，龚自珍写的《病梅馆记》却晦涩拗口。

可见思想禁锢的各朝代竟陷入一蟹不如一蟹的恶性循环，从春秋士大夫、贵族、自由民到明清全民以当奴才为荣。

而区块链是以算法建立的去中心的记账系统。它在参与系统的所有电脑备份，无法造假、篡改，建立了毋庸置疑的机器共识、数学共识。使人类对抗宇宙的熵减更有效、更高效。

如果说外来的鸦片战争打破了中国专制王朝的封闭循环，借助硅基算力的区块链数学共识也许正是突破碳基人性共识的外来麦克斯韦妖。

中央政治局第十八次集体学习时强调，“区块链技术的集成应用在新的技术革新和产业变革中起着重要作用。区块链行业具有巨大的发展潜力和广阔的应用前景，区块链技术的集成应用在推进新技术革新和产业变革中的重要作用不可低估，是我国核心技术自主创新的重要突破口”。

这为我国科技行业推进区块链技术和产业创新发展指明了方向。

首先，要把区块链作为核心技术自主创新的重要突破口。中央指出：“我们要把区块链作为核心技术自主创新的重要突破口，明确主攻方向，加大投入力度，着力攻克一批关键核心技术。”

目前，全球许多国家都在加快布局区块链技术发展。我国在区块链领域拥有良好基础，有条件、有能力把区块链作为核心技术自主创新的重要突破口。

应推动协同攻关，加快推进核心技术突破，为区块链应用发展提供安全可控的技术支撑。加强区块链标准化研究，提升国际话语权和规则制定权。加快产业发展，发挥好市场优势，进一步打通创新链、应用链、价值链。加快区块链和人工智能、大数据、物联网等前沿信息技术的深度融合，推动集成创新和融合应用。

这为我国元宇宙产业提前布局，以结合我国实际和新的发展实践推动区块链技术和理论创新，积极推动区块链和经济社会融合发展，使区块链技术在建设网络强国、发展数字经济、助力经济社会发展等方面发挥更大作用指明了方向。

最为可喜的是我国基于区块链的数字人民币发行已抢占了全球制高点。

其次，要加强和创新对区块链技术的应用。目前，区块链技术应用已延伸到数字金融、物联网、智能制造、供应链管理、数字资产交易等多个领域。

加强和创新对区块链技术的应用，应抓住区块链技术融合、功能拓展、产业细分的契机，发挥区块链在促进数据共享、优化业务流程、降低运营成本、提升协同效率、建设可信体系等方面的作用。

探索区块链在民生领域的运用，积极推动区块链技术在教育、就业、养老、精准脱贫、医疗健康、商品防伪、食品安全、公益、社会救助等领域的应用，为人民群众提供更加智能、更加便捷、更加优质的公共服务。

运用区块链技术创新政府监管和治理，促进简政放权，提高公共服务水平，为人民群众带来更好的政务服务体验。

一些地方政府将区块链技术应用于政务数据共享与智慧政务领域，在服务百姓、改善民生的方式上实现了创新突破。

区块链技术在公检法等领域也大有应用前景，通过区块链技术实现内部数据共享，将明显提高办案能力和效率。

同时也要加强对区块链技术的引导和规范。加强对区块链安全风险的研究和分析，密切跟踪发展动态，积极探索发展规律。

要探索建立适应区块链技术机制的安全保障体系，引导和推动区块链开发者、平台运营者加强行业自律、落实安全责任。

要把依法治网落实到区块链管理中，推动区块链安全有序发展。政府部门可以运用区块链等技术手段创新监管方式，提高监管效率，降低监管成本，提升管理和服务能力。建立健全区块链规制体系是提高监管有效性的前提和基础。

2021 年 1 月，《区块链信息服务管理规定》正式发布，明确了区块链信息服务提供者的信息安全管理责任，有利于规范和促进区块链技术及相关服务健康发展，防范区块链信息服务安全风险，为区块链信息服务的提供、使用、管理等提供了有效的法律依据。

区块链与现代科技的结合可以产生极大的、类似于核聚变的反应。

例如，区块链与大数据结合就可以大大推动技术革命发展，二者结合的优点有点如下。

隐私 区块链不需要网络层本身的任何标识。不会严格要求用户个人信息，这就意味着没有中央服务器存储用户信息，所以区块链技术比可能被破坏的中央服务器更安全，不会暴露用户隐私。下载和使用该技术不需要姓名、电子邮件、地址或其他任何信息。

自动化 区块链工作流程自动化可以帮助那些严重依赖交易和基于文档的流程的组织率先实现数字化转型。自动化流程的好处：更快地完成任务、增加可见性、标准化输出、减少错误和降低成本，等等。

透明 区块链之所以透明，是因为每个公共地址的持有和交易都是公开的。使用带有用户公共地址的资源管理器，可以回溯他们的资产和交易。

安全 区块链上发生的所有事情都是加密的，并且可以证明数据没有被篡改。由于其分布式特性，所以可以检查网络中所有节点上的所有分类账的文件签名，并验证它们是否真实。

数据质量 区块链使数据安全性和数据质量极大提高，可以改变人们处理大数据的方式。

比如超大城市面临着各种各样的压力，智慧城市正快速兴起。智慧城市包含智慧交通、智慧消费以及智慧环境等多个领域、多种产业，而区块链和大数据的结合可以产生 1+1 远远大于 2 的极强的聚合效应，可以大大加快智慧城市的协同、建设。

2. 用区块链开启亿万互联且超大规模智能、自动协同的元宇宙数字时代

过去我们社会的管理模式是树状结构。而互联网，特别是移动互联网的勃兴，使我们的信息传递由单向到多向，由灌输到互动，由树状到网状。

现在的信息不像过去一样非要靠路透社或各大报纸、杂志发布才能广为传播了，很多网红、大咖的影响远超那些正部级、正厅级，动辄有上百亿固定资产、成千上万员工的传媒集团，曾经宣传系统最辉煌的报业、电视已经走向衰落。

正在到来的数字时代以 5G、6G 为标志，每个设备甚至人体都将植入芯片，都可捕捉、存储、演算并智能输出、实时处理数据。

数字时代不仅可以像互联网一样人与人相互传递信息，而且可以传递价值，进而实现人与机器、机器与机器的人机、机机互动。使二维互联网升华为三维乃至四维智联网，网上的每个人、机器都有自己的四维地址，人人、人机、机机对话和交易将变为现实。

以目前最热门的元宇宙为例，热的原因固然有 AI（人工智能）、云计算、AR 等高科技的支撑，但区块链也是最关键的因素。

首先，区块链可以确保我们在元宇宙身份的唯一性。防篡改和可追溯性使得区块链天生具备了“防复制”的特点，这也是为什么诞生 13 年的比特币网络一直没有出现过被黑客攻击的原因。

在元宇宙里我们的身份除了目前传统的身份认证体系，还会接入区块链的身份认证体系，这样即使无须传统意义的身份认证，同样可以确认使用者身份，也可以保证他人身份不会被复制或盗用。这样才可以防止《西游记》里唐僧面对妖精变化的孙悟空或其他骗术的尴尬。

只有保证了元宇宙里身份的唯一，我们才能真正畅游元宇宙，而不怕自己的价值被剽窃。区块链将改变目前互联网只能传递信息（但不能防复制、难溯源），不能传递价值的弊端，开启元宇宙的崭新世界。

根据清华大学深圳下一代互联网研究中心副主任明中行教授的研究报告：

区块链和边缘计算，将使人机、机机的超大规模交互能自动协同，很快落地，并实时感知、决策强化其协同效应，比如使交通信号灯可以实时动态调整，无人驾驶可以全方位感知并全局把握路况，智能物流可以机机直接下指令配送并入库整理，等等。

目前明中行教授已经与北京首旅、浙江移动、江苏高速等企业集团签署了合作协议。

十八届三中全会把市场在资源配置中的“基础性作用”改为了“决定性作用”，并提出“建设统一开放、竞争有序的市场体系”。

但 10 年过去了，很多地方政府实际上还是管不住自己的行政指令，计划经济的手。

要真正发挥市场的决定性作用，就必须充分发挥区块链通过重复博弈规范所有参与者（包括政府）行为的作用，使理性经济人降低交易成本，用市场博弈来合理配置资源，用 Token 的可编程性，使人人、人机、机机的超大规模多方协作全面落地，并 365 天 24 小时全地域地自动、智能地捕捉、计量、分配、结算价值。

可以预见，区块链技术将在数字时代大放光彩，但在此之前仍将经历一段漫长的试错之路。

第七章
比特币有没有未来?

比特币是一场技术的创世巨作。

——比尔·盖茨　微软联合创始投资者、慈善家

一、重新理解比特币

1. 去中心化

云端的比特币的安全性不受政权、强权、警察、法院、离婚、海关等影响。不会像实物资产一样被蟊贼偷盗，但可能被计算机黑客盗取，也可能被不良交易所侵吞，还也可能因遗忘私钥而永远丢失。

所以，开发与传统习惯对接的、易为大众掌握的、遗失后可以合法找回的、便捷的 Token 钱包大有市场。

此外，比特币的安全性是由众多矿工通过专业矿机同时维护的，2021 年 12 月，其算力已高达 1.8 万万万亿次哈希碰撞 / 秒，只有算力超过它才可能攻破。大概仅有中、美等大国举国之力才能做到，但攻破后 BTC 归零，类似大家同归于尽的傻事。

十三多年来，比特币从未宕机，安全稳定可靠。按这样的挖矿速度再来 13 年，可能中、美也无能为力，基本上其安全性也就是一骑绝尘，奔向宇宙了。

2. 稀缺性

包括中本聪在内，谁也不可能增发比特币。2020 年 5 月，其产量第三次减半后，比特币以 SF 值（Stock to Flow，通胀率的倒数）衡量的“硬度”将减小到 56，达到与黄金相当的水平（黄金的 SF 值是 62）。而到 2024 年左右下一次产量减半之后，BTC 的硬度将高达

110，全面超过黄金，成为世界上广为流通的资产中最硬、最稀缺的资产。

根据中本聪对比特币的发行机制的设计，至 2140 年左右，比特币的总发行量将到达 2，099，999，997，690，000 聪。此后，比特币不再增发，最终 BTC 的发行总量只有 2100 万枚。

根据 2017 年 CreditSuisse 的报告显示，全球百万美元富翁的数量大约是 3600 万名。按现在北上广深的房价，可能中国的百万美元富翁就有三五千万人。因此，如果成立一个由拥有 1 个以上 BTC 的用户组成的“1 比特币俱乐部”的话，这个俱乐部成员数量将不可能超过 2100 万名，比全球百万美元富翁的数量还要少。

3. 通胀率

比特币由网络节点的计算生成，通胀率逐周期下行。

比特币总量上限 2100 万，通过挖矿产生增发数每四年（严格地讲，是每 21 万个区块）减少一半，在 2020 年 5 月第三次减产后，其年供应增加率将降到 1.8%，低于全球几乎所有央行为自己设定的控制在 2% 以内的货币增发目标。

再过四年它将降到每年 0.9%，四年再降到 0.45%，直至 2140 年趋于零。

4. 流动性

比特币在所有人类涉足之地，现在的全球，将来人类星际拓疆之旅的飞船及外星，都具有完全的流动性。

它不像美股、A 股、港股等证券一样受国家、边界、交易所的限制，也没有每周 5 天每天交易 4 小时，节假日全休，开户要申请审批等限制，而是全地域，365 天 24 小时全时空的流动性。

由比特币所带来的区块链更可以将万物、万象数据化，并确权。所以，正在到来的 5G、6G 乃至更高维数字时代，将使我们的每个通电设备包括人体都植入芯片，都可记录、存储、联网、分类、计算每一微小的碎片化的数据变动。数据将全天候地可流动、可交易，打破现在由国界，由美股、A 股、港股、集邮市场、古玩市场、农贸市场等各自分割、画地为牢的僵局。

我们的所有都可数据化，比如幼时的病历、购物、住店的偏好，我们的信誉、权力，我们在代理全球音乐版权超 90 万首的“看见音乐”平台上听歌、创作，甚至我此时写作的表情、气温皆可数据化，并经区块链分类、确权后可流动、可交易。

这是划时代的万亿级的万物互联的数字资产流动。

比特币的转账交易不受任何法币清结算系统的可用性制约，不受法币跨境跨行转账的速度限制和管制约束，遍布全球的交易所 24×7 提供不休市的交易。去中心化交易所甚至可以自动撮合并交易，即便是位于地球两端、距离遥远的交易双方，一笔比特币转账几十分钟即可完成链上最终结算，这比目前任何的国际间跨行汇兑结算速度都要快。即使没有互联网，借助于微波通信、卫星通信，比特币依然可以完成区块同步和交易支付。

比特币具有不受任何地缘政治因素和人为效率因素限制的超主权全时流动性。

5. 安全性

区块链会为每笔交易盖上时间戳，并且会借助区块链自身的组织架构对每笔交易数据进行追溯和验证。一旦信息经过验证添加到区块链上，就被永久地存储起来，如果想要修改历史数据，必须控制超过50% 的节点。比特币完全依赖 P2P 网络，无发行中心，所以外部无法关闭它。比特币价格可能波动、崩盘，多国政府可能宣布它是非法的，但比特币和比特币庞大的 P2P 网络不会消失。

比特币交易在互联网环境中完成，不受国别地域限制。比特币可以在任意一台接入互联网的电脑上管理。不管身处何方，任何人都可以挖掘、购买、出售或收取比特币。跨国汇款，会经过层层外汇管制机构，而且交易记录会被多方记录在案。但如果用比特币交易，直接输入数字地址，点一下鼠标，等待 P2P 网络确认交易后，大量资金就过去了。不经过任何管控机构，也不会留下任何跨境交易记录。

6. 创新性

中本聪在 2008 年 10 月 31 日首次公布的比特币白皮书中这样写道：我们所需要的是一个基于密码学证据（cryptographic proof）而不是基于信任（trust）的电子支付系统。

比特币被发明的目标之一，就是消灭掉对人性的可靠性和信用度的依赖和信任，而完全代之以密码学证据。

比特币采用的两个最重要的密码学证据，公私钥签名和工作量证明，是数学和物理学的产物。只要其数学原理和物理学定律没有被颠覆，那么这一证据的可信程度，显然远远高于任何一个人或者组织的信用背书和担保。

只有密码学证据还不够，中本聪还要让比特币系统凌驾于全体人类之上，使得没有任何一个人、组织或者强权，可以僭越这套系统，控制这套系统，停止这套系统，为一己之私而损害全民的利益。

中本聪彻底消除了比特币系统中所有的技术中心化、逻辑中心化、经济中心化以及人的中心化，通过在各个层面巧妙设计博弈机制，把比特币系统变成了一个彻底去中心化、不可篡改的系统。

比特币是人类发明的第一个凌驾于人类之上并反过来规约人类群体自身意欲的技术。

这一点，把比特币和此前所有的技术发明区分开来。而比特币在不受任何人控制这方面的纯粹性，又把它和形形色色由个别或部分人控制的山寨区块链或者联盟链项目区分开来。

比特币所采用的规约方法，是顺应人性的激励，而非对抗人性的惩罚，显然前者的实施成本要比后者低得多（事实上是用凭空创造的一种货币符号就达成了有效的激励效果）。

这一点，又把比特币和此前传统的社会治理系统（比如执法系统、监狱系统等）区分开来。

比特币是一种文化产物，是一种主体之间的存在。就像基督文化以《圣经》为载体，儒家文化以“四书”“五经”为载体，佛教文化以佛经为载体，比特币以代码和数据为载体，存在于大家共同的想象之中。

显然，在处理人和宇宙的关系时，比特币是让人“向后退的”，无条件服从数学原理和物理学规律，而其手法，却又是激励式的。这正是比特币的巧妙之处。

站在人类文明发展的坐标轴上，在人类从物质文明迈入数字文明的时代背景下，比特币的发明必将成为人类意识和精神进化之路上的一个不可磨灭的里程碑。

7. 稳定性

一个商品（commodity）货币化的普遍规律，其全过程大概会经历以下几个阶段：（1）收藏品或实用品；（2）投机品；（3）保值避险品（SOV，Storage of Value）；（4）交易媒介（MOE，Media of Exchange）；（5）计价单位。

黄金完成上述过程经历了上千年的时间。过去十年，比特币经过了前两个阶段，分别由理想主义分子和投机分子所推动。从2019年上半年开始，比特币正式进入了第三阶段。目前，比特币主要是一种独立投资品种，一种数字资产。比特币是否能够最终完成货币化，还是会永远停留在投资资产的阶段，在业内仍旧存在不同看法，也值得我们拭目以待。

在人类历史上，曾用过其他商品作为货币或准货币。比如白银、谷物等。亚当·斯密在《国富论》就曾论述，因为白银会随着开采技术进步，增量越来越大，银价就越来越贬值，在一个几十年到上百年的时间尺度上，逐渐丧失了价值标准的功能；而谷物的生产则更加稳定，所以亚当·斯密在对比跨朝代的财富变迁时，便选择使用谷物折价来进行衡准。

但是到了近代，随着工业革命、机械化农业生产水平的提高以及生物化学科技的进步，农业的生产力水平发生了突飞猛进的发展，不再像亚当·斯密那个时代，几百年没有什么变化和提升。谷物的价格也就变得不足以作为价值衡量的稳定标尺了。

从亚当·斯密的研究中，我们可以得到一个启迪，那就是货币的功能是丈量财富的尺子。我们需要的，究竟是一把不断变长的尺子，还是一把长度保持不变的尺子呢？这是一个值得思考的问题。

8. 增长性

诚如中本聪在2009年2月18日的邮件中所说，“随着用户量的增加，每个BTC的价值也增加。这样的系统有潜力进入一个正反馈循环；

用户量增加，币价上涨，这又会吸引更多用户来利用币价上涨进行套利”。

中本聪用非常浅显易懂的语言指出，比特币的价值网络也许同样会遵从梅特卡夫定律（Metcalfe’s Law）。该定律于 1993 年被提出，是一个关于网络的价值和网络技术发展的定律。它指出，一个网络的价值等于该网络内的节点数的平方，而且该网络的价值与联网的用户数的平方成正比。

对比特币而言，则应当把联网用户数替换为持币用户数。由于比特币的用户是以匿名地址持币，且存在一用户多地址（地址可任意生成），或者一地址多用户（比如交易所等托管平台）的情形，所以我们只能对比特币真实的用户价值网络进行粗略的分析。

到 2020 年 12 月 22 日，比特币持币大于 1 比特币的地址数量超过 80 万，而全部余额大于 0 的地址总共多达 3312 万。据研究，目前全球比特币用户大概也就是 3000 万这个数量级。

比特币是通过所谓“挖矿”逐渐发行出来的，今天已经发行了总量的 86% 多。发行速度会越来越慢，大约到 2140 年完全停止发行。现在比特币的年化通胀率（3.7%）远远低于美元自 2008 年以来的年化通胀率，并将在下一个减半日之后进一步下降到 1.7%。

比特币的进一步普及和用户量的进一步增长，比特币通胀率的逐渐下降，以及各种法币的量化宽松和持续超发，加上这两年疫情隔离加速的元宇宙数字时代的突然火爆。放眼三五十年的时间尺度，比特币还将具有不可低估的增长空间。

9. 完全独立的所有权

操控比特币需要私钥，它可以被隔离保存在任何存储介质。除了用户自己之外无人可以获取。

10. 低交易费用

可以免费汇出比特币，但最终对每笔交易将收取约 1 比特分的交易费以确保交易更快执行。

11. 无隐藏成本

作为由 A 到 B 的支付手段，比特币没有烦琐的额度与手续限制。知道对方比特币地址就可以进行支付。

12. 跨平台挖掘

用户可以在众多平台上发掘不同硬件的计算能力。

正是由于比特币具有上述特性，跟风的山寨者则难以生存。由于比特币算法是完全开源的，谁都可以下载到源码，修改一些参数，重新编译一下，就能创造一种新的 P2P 货币。但这些山寨货币很脆弱，极易遭到 51% 攻击。任何个人或组织，只要控制一种 P2P 货币网络 51% 的运算能力，就可以随意操纵交易和币值，这会对 P2P 货币构成毁灭性打击。

很多山寨币，就是死在了这一环节上。而比特币网络已经足够健壮，想要控制比特币网络 51% 的运算力，所需要的 CPU/GPU 数量将是一个天文数字。

“风可以吹走一张白纸，却不能吹走一只蝴蝶。因为生命的力量，在于独立自主，在于独辟蹊径，在于不顺从。”

从诞生之日起，虽然比特币备受主流社会，包括诺贝尔奖得主保罗 · 克鲁格曼、巴菲特等人的质疑、批判，但中本聪笔下飞出的比特币这只“蝴蝶”，还是从最初的二三人响应，到现在已吸引了数千万人参与，扇起了撼动世界的旋风。

二、比特币交易流转的过程

用户可以买到比特币，同时还可以使用计算机依照算法进行大量的运算来“开采”比特币。

在用户“开采”比特币时，需要用电脑搜寻64位的数字就行，然后通过反复解密与其他淘金者相互竞争，为比特币网络提供所需的数字，如果用户的电脑成功地创造出一组数字，在2020年5月第三次挖矿减半后，将会获得12.5个比特币。

由于比特币系统采用了分散化编程，所以现阶段每10分钟内只能获得12.5个比特币，而到2140年，流通的比特币上限将会达到2100个。

换句话说，比特币系统是能够实现自给自足的，通过编码来抵御通胀，并防止他人对这些代码进行破坏。

那么，如何交易比特币呢?

比特币是类似电邮的电子现金，交易双方需要类似电子邮箱的“比特币钱包”和类似电邮地址的“比特币地址”。

和收发电子邮件一样，汇款方通过电脑或智能手机，按收款方地址将比特币直接付给对方。

比特币地址是大约33位长的、由字母和数字构成的一串字符，总是由1或者3开头，例如，火币“1PCgrJSzxJTjtUUbijcvPjZ6FVS2jGeZnN”。比特币软件可以自动生成地址，生成地址时也不需要联网交换信息，可以离线进行。因而，可用的比特币地址非常多。

比特币地址和私钥是成对出现的，他们的关系就像银行卡号和密码。比特币地址就像银行卡号一样用来记录你在该地址上存有多少比特币。你可以随意地生成比特币地址来存放比特币。

每个比特币地址在生成时，都会有一个相对应的该地址的私钥被生成出来。这个私钥可以证明你对该地址上的比特币具有所有权。

我们可以简单地把比特币地址理解成为银行卡号，该地址的私钥理解成为所对应银行卡的密码。

只有你在知道银行卡密码的情况下才能使用银行卡号上的钱。所以，在使用比特币钱包时请保存好你的地址和私钥。

比特币的交易数据被打包到一个“数据块”或“区块”（block）中后，交易就算初步确认了。当区块链接到前一个区块之后，交易会得到进一步的确认。在连续得到 6 个区块确认之后，这笔交易基本上就不可逆转地得到确认了。

比特币对等网络将所有的交易历史都储存在区块链中。区块链在持续延长，而且新区块一旦加入区块链中，就不会再被移走。

区块链实际上是一群分散的用户端节点，并由所有参与者组成的分布式数据库，是对所有比特币交易历史的记录。

中本聪预计，当数据量增大之后，用户端希望这些数据并不全部储存在自己的节点中。为了实现这一目标，他采用引入散列函数机制。这样用户端将能够自动剔除掉那些自己永远用不到的部分，比如，极为早期的一些比特币交易记录。

三、作为货币目前在现实社会的风险

虽然比特币的开端是想做点对点的电子货币。

但十三年来，比特币的自组织、自激励、全开源的发展却背离了中本聪的初衷：比特币似乎并不具备 Coin 的相对稳定、可做交易工具的货币属性，而成了一种数字资产，所谓的软黄金。

按传统定义，货币是人们普遍接受的用于支付商品、劳务，清偿债务的一般等价物，具备交易媒介、储藏价值、延期支付、记账单位等功能。

更现代的定义，货币是一种财产的所有者与市场关于交换权的契约，本质上是所有权之间的约定。

对此，哈佛梅森学者、经济学家邹传伟有着详尽的论述。

他认为："正视货币的网络效应与货币错配问题。在由法定货币主导的世界中，留给价格高度波动的加密货币的支付场景很小。基于智能合约的金融产品以 Token 为计价单位，与我们在现实中面临的风险可能存在货币错配问题。"

的确，在我们目前的现实世界中，使用比特币或 ETH 等所谓加密货币作交易等面临巨大风险。

风险之一是极不方便，全球几十亿人都使用以美元、人民币等为代表的法币，你们不足 1% 的几千万人使用比特币，这样即使你接受了比特币，但向他人支付时却可能遭到拒绝。

风险之二是涨跌变化大，因为法币由国家主权发行，一般都会锚定美元、美债或 GDP、商品、服务等。有计划的增发维持了币价的相对稳定，利于居民和企业的合理预期。

而比特币接受人少、市值小，遇到风险时极可能颠簸如怒海中的舢板。

仅就 2021 年，4 月中旬币价高达 6.4 万美元，突然暴跌至 4 万美元，以后甚至下探 3 万美元。但到 11 月又上冲至 6.9 万美元，随后又下跌，2021 年 12 月 29 日为 4.7 万美元。2022 年 8 月 21 日为 2.12 万美元。

四、初步定性为数字资产

有人认为，比特币类似现实世界中的钻石和黄金。但钻石、黄金的价值是由商人赋予的，且需获得大家的共识，价格也有涨有跌，其在具备不可更改、可信的品质基础上，具有商品属性。

而开采钻石黄金同样需要消耗大量的成本，才确保了内在价值的恒定。若是很容易产出的资源，就可能发生通货膨胀。

这是直观形象但稍嫌狭义的理解。

实际上，比特币所带来的区块链具有划时代的伟大贡献。

仅就金融方面而言，它带来六大改变，笔者在第六章已有说明，不在此处赘述。

从更广义的角度来看，比特币带来的数据与程序合二为一，可以说是自人类自图灵机、冯·诺依曼现代计算机以来的第三次计算革命。

它正在开启万物（万亿级）可植入芯片（包括人），万物通过区块链这个数字之钥相连，可感知、可存储、可编程、可计算的数字时代，即所谓的元宇宙。

基于区块链的法定数字货币，如中国人民银行的 DC/EP，及 Meta 跨国的数字币 Diem 等陆续推出。大概率它们可能取代 USDT 等成为稳定的数字货币。

Diem 开始与美元等一篮子强国法币挂钩，从长远看，它也可能直接与世界 GDP 或商品、服务乃至数字资产池挂钩。

五、比特币被诟病的几个方面

在很多人眼中，比特币主要有以下缺点。

1. 比特币与法定货币的冲突

法定货币有国家信用背书，并由中央银行来稳定其价值。

与法定货币不同，比特币等数字资产的供应量有限，它们的市场需求决定了价格。贷款法定货币的基本利率由央行设置，他们也是最后贷款人。大多数数字货币没有中央银行或储备来支持和稳定其价值，也没有基本贷款利率或最后贷款人。

像泰达币这样的“稳定币”正在受到抨击，数字资产的信用将由其他非数字资产（如法币或财产）来支持。

尽管法定货币有着诸多不足，但其仍然表现出比数字货币更大的经济安全性和稳定性。这是中央银行和政府现阶段不看好数字货币的主要原因之一。

2. 比特币难以征税

数字资产和比特币在多个司法管辖区的税收分类缺乏明确性也是一个重要问题。

在英国，现行制度下目前最大的税务问题涉及将比特币与其使用状况进行分类。如果交易比特币，则适用所得税制度；但如果投资比特币，则适用资本利得税。此外，目前的指导还承认个人也可能在赌博。对比特币如何定义，似乎取决于用户使用环境。

在美国，比特币被视为财产。例如，如果员工以比特币付款，则即使比特币仍未售出，开发票时比特币的现价将被记录。支付员工时比特币的现价被视为购买价格，因此如果比特币在以后出售，则差额应纳税。在联邦层面，比特币被视为可以用于纳税的财产。

有很多州都是支持比特币支付的，但是各州之间存在重大的差异。比如，在怀俄明州，由于银行业的强烈反对，一项备受争议的区块链财务法案获得通过。而在俄亥俄州，税收可以用比特币支付。在纽约，公司可以获得纽约州金融服务部颁发的 BitLicences，以此接受政府监管。

3. 从根本上说，数字货币的“行为”就像“资产”

如果将数字资产（例如比特币）作为资产进行监管，则需要将其作为金融工具进行监管，。例如，在欧洲，有欧盟管理金融市场的立法框架——金融工具市场指令（MIFID II）。

MIFID II 旨在为投资者提供更大的保护，并为所有资产类别提供公开透明的保障。监管机构正在积极寻求数字资产领域的更大保护和透明度的方法，以确保消费者得到保护。

如果比特币被视为数字货币，那么它需要受到外汇市场和外汇交易的补充监管限制。如果被视为资产，则不会受到税收制度的约束。

4. 为了避免监管套利，需要统一的全球标准，目前比特币在监管层面远未达成一致

成为“受监管”的投资或工具意味着从一个司法管辖区变为另一个管辖区。实际上，许多司法管辖区的法律或监管类别均未承认 Token 的安全性和实用性。

尽管监管套利多年来一直是金融服务的命脉，但它也存在问题。如果多个司法管辖区拥有不同的监管制度，监管套利意味着公司可能会离岸并在另一个司法管辖区开设公司。

例如，一家英国企业转向马耳他，因为马耳他的区块链和数字资产监管环境更加友好，那么投资者也可能会增加离岸资产的持有量。因此，未来可能存在潜在的税收损失，并且加大投资者安全风险。

为避免监管套利，全球调整政策以规范数字资产至关重要。

5. 对投资者的权益保护难度较大

英美的监管机构都对数字资产进行了调查，发现它们缺乏基本的客户保护措施。围绕 KYC 和 AML 这些问题，对未注册商品和证券交易的交易所和经纪人的监管在短期内正迅速增加。这种监管审查将继续对数字资产的价格产生强烈影响。

每个数字资产都是不同的，目前还没有普遍接受的标准化模型，因为项目方涉及不同的商业类型。在立法明确之前，应鼓励司法机构和监管机构逐案进行分析。

六、作为数字资产的价值及未来数字货币的可能性

有人认为，无监管的比特币已沦为矿工、大户和操纵者套现的工具，认为比特币无实用价值、无分红，在新冠肺炎疫情与油价双杀下的 2020 年，“3 · 12”的暴跌显示其无避险价值，进而认为比特币可能是庞氏骗局。

还有人认为比特币挖矿耗费了全球 1% 以上的电力，不绿色不环保，纯属浪费。

作为正在到来的数字时代的信仰者和布道者，笔者有完全不同的看法。

一是，比特币是世所公认的正在从多方面改变世界的区块链的灵魂，二者互为表里，正如鸡与蛋的关系。

二是，挖矿的算力壁垒正是建立数学共识必须付出的基本代价，这个代价比起我们人性共识中国家、政府、军队、银行、法院各类中介的成本低很多。

三是，它从无到有地打造了从能源到芯片、矿机、数字交易所、DeFi、数字资产借贷、理财、保险、证券衍生等完整的新产业链。挖矿其实也可视为一种特殊商品的生产过程。

四是，它的涨跌看似随意，实际上是围绕其挖矿成本加利润的向上抛物线上下波动，过高的泡沫会破，超跌的底会回归。其绝对的稀缺和创新使其在较长（比如五年）的时间尺度，和在战争、瘟疫、法币超发等风险下有必然的避险性、增值性。

五是，当然比特币还有同时推进民主与科学、移民外星的价值锚，阶层跃迁的逆袭风口、数字时代之钥、个人财富独立自主之保证，完全的零摩擦的高流动性、通缩等价值。

最重要的是，已达 1.8 万万万亿次哈希碰撞 / 秒的千叠浪万仞岗一样壁立陡增的算力可以有效降低人类熵减共识中的人性权重；“在未来，它有可能超脱于碳基意志，会成为我们意想不到的防护网”（吴忌寒《算力之美》）；也可能成为我们在数字世界的定海神针，成为我们奔向外星、进入元宇宙的助推火箭。

这就是比特币作为崭新的数字资产的根本价值。

比特币真有可能像中本聪预期的那样，成为一种“货币”？

笔者认为，那是完全可能的，技术上一个比特币可以细分为一亿聪。如果再数字挖矿五十年乃至一百年，如果比特币市值超过一百亿美元，甚至与全球 GDP 相当之后。比特币成了巨型航母，价格相对稳定，就可以成为支付工具。

草蛇灰线，伏延千里。让我们在元宇宙拭目以待吧。

七、比特币未来的猜想

货币金融，是经济的灵魂。

没有货币价值尺度、流通手段、贮藏手段、支付手段和世界货币这五大职能为实体经济注入新鲜血液，以物易物的原始生产不可能升级迭代进化为现在高度分工又高度合作的全球经济一体化。

中国古代货币始于贝币，后来用铜币，元代甚至国家发钞，但都因政府滥发货币导致经济崩溃。

明朝开始用银，因西班牙大量开采的南美银矿的输入维持了经济运转。

西方也是一样，美洲银矿、金矿在 16 世纪的大发现、大开采，为英国工业革命、美国西部开发等注入了丰富的交易工具，促进了经济发展。

“二战”后，全球货币与美元挂钩，而美元通过 1944 年《布雷顿森林协议》与黄金绑定。1971 年美元储备不足，被迫与黄金脱钩。

美元虽然也有滥发等问题（近百年间贬值了 97%），但由于联邦储备银行并不为国家，而为私人拥有，所以货币政策并不完全听命于政府。

1971 年后，美元发行与有息的美国国债挂钩，而国债发行量由号称民主的议会决定。

美元虽然毛病不少，却也为各国接受，成为事实上的世界货币，为国际金融、国际贸易提供了交易工具。

微信、支付宝为我国领先世界的电商提供了交易工具。美国主要用信用卡结算，日本、中国台湾等流行使用现金，其电商、日常支付不方便。

银行主要是为法人、企业开立账户提供服务，个人是银行的吸储对象，但非性价比高的服务对象，很多个人没有银行账户。即使有，体验感、便捷程度也较差。但电商起来之后就不一样了，个人很方便就可获得微信、支付宝等网络数字账户。

近年来，随着生产力的高速发展，数字经济的兴起，经济已经从以生产为核心过渡到以交易为核心。交易不再必须依托百货商场等具体的物理环境，不必早上九点到晚上十点的开门营业时间，而是只要有网络、网上平台、互联设备等数字环境，则时时、处处皆可交易，这实际上就是数字经济。

我国个人网络支付账户的普及，快速促进了线上支付，产生了交易大爆炸，仅 2017 年我国扫码支付的规模就达到了 155 万亿元（《数字金融创新的立足点和突破点》，周子衡，2019）。

正在到来的 5G、6G 乃至更高维数字时代，将使我们的每个通电设备包括人体都植入芯片，都可记录、存储、联网、分类、计算每一微小的碎片化的数据变动。

数据将成为最大的财富，万物、万象都将数据化。人与人的有限时间（至少睡觉时不行）交易将扩展到人机、机机的 365 天 24 小时交易。交易的地域、数量、碎片化也将超出想象。传统货币将无法带动数字经济的正常运转。

加密数字货币带来的数据与程序合二为一，可以说是人类自图灵机、冯·诺伊曼现代计算机以来的第三次计算革命。它在激励和治理机制、跨链、性能拓展、隐私保护等方面可以融合设计，比如哈希时间锁的创新。

数字货币的可编程性也可以使各种碎片化的价值捕捉和激励，以及不确定性下的资源配置可以在四维时空下完成（《区块链要成为大规模价值结算协议需解决这五个问题》，邹传伟，2020）。

所以，加密数字货币作为与数字时代耦合的新的交易工具正式亮相登场，它们将为元宇宙的超大规模智能协同注入血液。

传统社会人与人的交流、交易协同依靠各类组织，有宗教的、有强权的（如国家、军队）、有互利的（如公司、学校），等等。

正在到来的数字时代的场景里，所有通电装置（包括人体）都将植入芯片，都可感知、捕捉、存储、计算、反馈、交易各类碎片化的信息，所有信息、所有资源都将数据化，都经5G、6G和遍布我们头顶的卫星网高速连接。

这是一个万亿级的超级人人、人机、机机数字智联网，所有通电装置都通过区块链有自己确定的ID地址，这是一个三维、甚至四维地址。

由此将带来全空间（甚至到外太空、外星）、全地域、365天24小时不间断的交易和协同。

这个超大规模的协同需要通过市场化的交易来达成，而交易工具则是数据与程序合二为一的可编程的加密货币。

实际上，加密货币在数字世界、数字经济中的运行已通过比特币十三多年来不间断、无故障地实践进行了完美的测试。

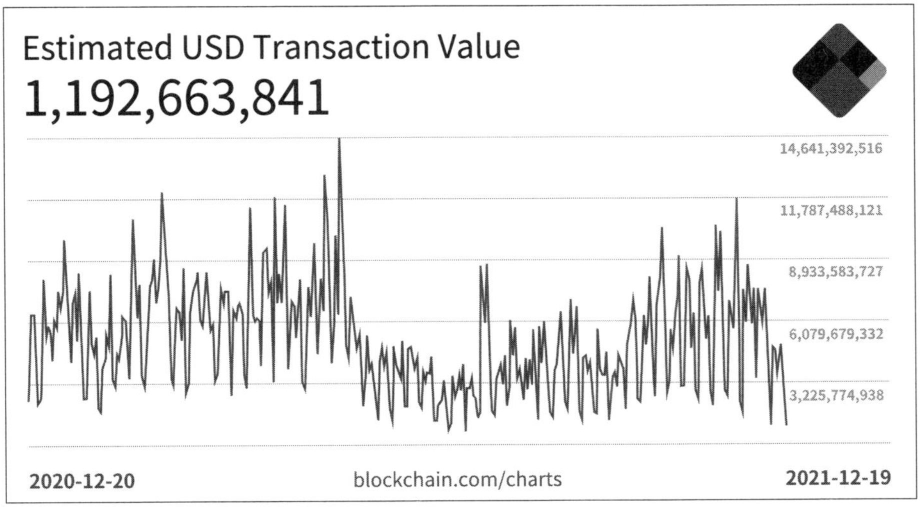

图 7-1　比特币网上交易额度图

图 7-1 为 2020 年 12 月 20 日至 2021 年 12 月 19 日比特币的网上交易额度，日均 usd 价值为 32 亿～60 亿美元，最高 146.4 亿美元，12 月 19 日北京时间 19:16，日均 usd 价值为 11.9 亿美元。

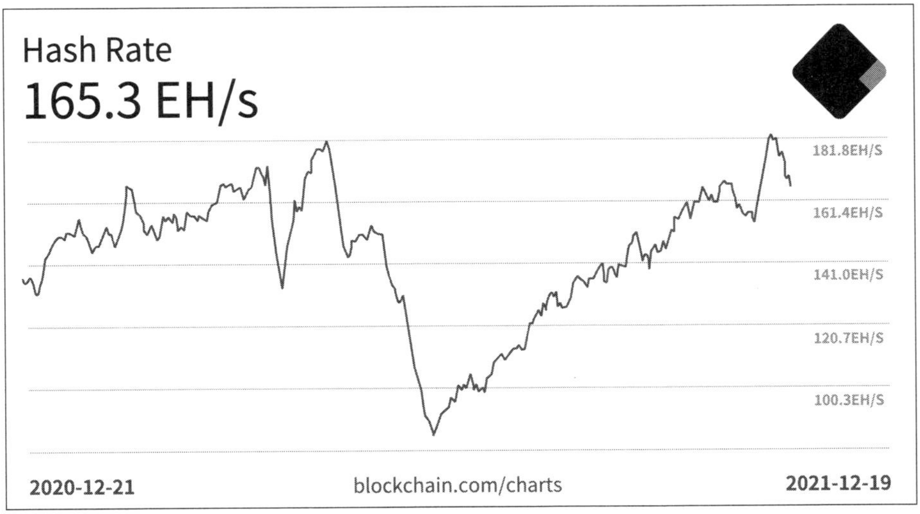

图 7-2　比特币的算力

比特币的算力，在 2021 年达到 1.8 万万万亿次哈希碰撞 / 秒后，因我国各地政府的禁绝而暴跌 40% 以上，至 2021 年 12 月 19 日，又回到 1.66

左右。5 月 19 日，算力从 7 天均值的峰值约 1.8 万万万亿次哈希碰撞 / 秒，掉了约一半，最低 7 天均值约 0.9 万万万亿次哈希碰撞 / 秒。

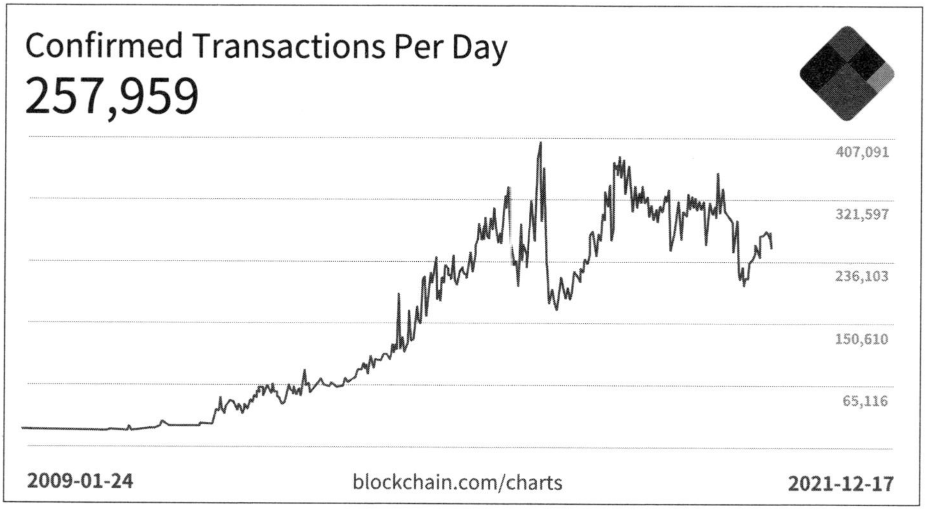

图 7-3　比特币的网上交易数

比特币的网上成交数，日转账量为 25 万～ 35 万笔 / 天，最高 40.7 万笔 / 天。

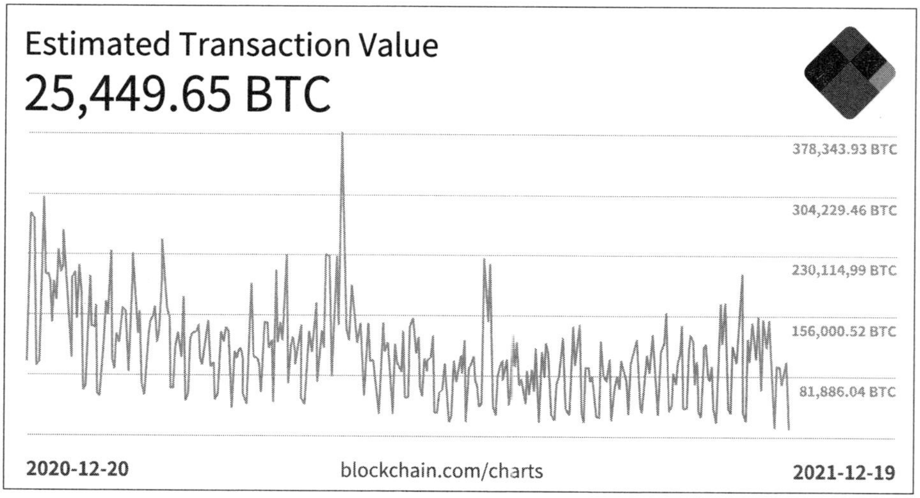

图 7-4　比特币的网上交易额

比特币的网上成交额，日均约 8 万枚比特币，最高 37.8 万枚 / 天，2021 年 12 月 19 日截至北京时间 19:19 当天为 25449 枚比特币。

而数字人民币 DC/EP 和 Meta 发行的 Diem 一开始就对标稳定的货币，其交易对象将包括：①原生态的加密资产（如 BTC、ETH 等）；②传统资产的数字化；③加密货币衍生的多种资产类型；④它们的各种交互，等等。从而为超大规模的人机、机机（AI）智能协同注入新鲜血液。

可以预见：不透明、无足额准备金的 USDT 类稳定币将被冲击。

2019 年 10 月 25 日，中央政治局指出，“区块链技术应用已延伸到数字金融、物联网、智能制造、供应链管理、数字资产交易等多个领域。目前，全球主要国家都在加快布局区块链技术发展。我国在区块链领域拥有良好基础，要加快推动区块链技术和产业创新发展，积极推进区块链和经济社会融合发展。要强化基础研究，提升原始创新能力，努力让我国在区块链这个新兴领域走在理论最前沿、占据创新制高点、取得产业新优势。要推动协同攻关，加快推进核心技术突破，为区块链应用发展提供安全可控的技术支撑。要加强区块链标准化研究，提升国际话语权和规则制定权。要加快产业发展，发挥好市场优势，进一步打通创新链、应用链、价值链。要构建区块链产业生态，加快区块链和人工智能、大数据、物联网等前沿信息技术的深度融合，推动集成创新和融合应用”。

从理论上说，区块链的发展是人类由人性的碳基共识向数学的硅基共识升华的开始，是颠覆性的跃迁，其自组织自激励去中介的特性正在改变我们生活的方方面面，它将同时推动民主与科学的发展。

首发 DC/EP 意义非常重大，它将与 Diem 一起，构建疫后全球化的金融架构，其表现为以下六点。

1. 疫情加速经济、社会、政治全面数字化，也同时形成了碎片化、区域化、去中心化、去全球化的推动力，保持社会距离的物理世界中，数据确权、溯源鉴真、安全传输更为至关重要；在疫情中诞生的具有全球意义的 Diem 及央行 DC/EP 两种数字货币，以零成本、“零利率”“超越流动性陷阱”的特色，“改变货币经济体系”，“对传统货币体系和宏观经济的渗透，加上了 IS 和 LM 模型失灵”（《数字货币最新思考：创痛宽松货币刺激政策正在全面失效》，朱嘉明，2020），可能冲击亚非拉一些小国的主权货币，可能形成跨银行的金融体系（微信、支付宝只是前奏），可能推进人民币国际化——特别是在“一带一路”部分国家。

2.DC/EP 的推出一是可以方便居民日常支付，节省现金流通成本。二是可以实时采集多种数据并追踪，消除纸币易伪造、难统计、匿名不可追溯等缺点，加强支付系统脱商业银行的公共性。三是中国人民银行的统计及货币政策更精准可行，还可反洗钱、反偷税漏税、反电信诈骗，等等。四是人民币国际化目标——“在全球支付治理中争取更大话语权”、“发挥跨境支付基础设施建设和发展”（《我国现代支付体系建设与发展》，中国人民银行支付结算司司长温信祥，2020）。

3.Diem 放弃了区块链去中心化的初心，放弃了无许可公链系统，而这点正是 Meta 希望未来通过市场竞争来构建高度可互操作、高效且创新的支付系统的前提——任何人都可以自由参与。这无疑使区块链和自由市场经济的信仰者们失望。

但瑕不掩瑜，Diem 仍然是第一个非政府发行的货币，注意到 Meta 马上破 30 亿的用户，它也将是真正的全球加密数字货币。

其愿景：“简单的、无国界的货币和为数十亿人服务的金融基础设施”，“在全球范围内转移资金应该像发送短信或分享照片一样轻松、划算，甚至更安全”，将很快达成。

4.DC/EP 预留了可编程，但因替代现金，只承担最基本的货币职能，不会搭载智能合约；Diem 则搭载智能合约，Diem 一篮子货币稳定币就是用单一货币稳定币加智能合约实现的，二者的信誉和价值基础都远高于现在数字资产交易所的 USDT 等稳定币。

Libra 的几十家联盟成员既有老牌金融机构，又有电商、投资机构、互联网企业等，其丰富的行业背景对用户需求了解更深入，Diem 也将更灵活、便利。

由于区块链的开放性，美国以外的 Meta 用户也可以通过 Diem，参与以美元计价的经济活动，这样会强化美元的国际影响。

5.DC/EP 发行后，人民币将分为银行货币和数字货币两个体系，并分别对应银行账户体系和数字账户体系。这样，数字货币资产将纳入财会科目，这必将大大改变社会财富的结构。

在传统资产以外，增加数字资产，以及数字资产与数字货币交易产生的各类衍生资产。财务报表可能裂解为数字货币财务报表与银行货币财务报表，而数字货币活动与数字货币财务报表的匹配将极大地推进数字货币资产的结构性增长（《账户——新经济与新金融之路》，周子衡，2017）。

再经过若干年的磨合，在传统经济完全数字化后，笔者认为最终银行账户体系也将完全数字化，账务报表也将统一于数字货币财务报表。

6.DC/EP 和 Diem 的重要意义：联手构建数字经济的门户入口，可用智能合约为数字资产交易提供点对点的可靠的支付工具，推动去中介化、削减中介成本，降低传统金融机构重要性，架构普惠经济的金融平权基础。

同时把现金流与数据信息充分结合，监管与普惠同时并存，成为宏观经济货币调控手段，并为虚拟世界提供公共财产，在去中心化、无政府的网络空间建立治理规范乃至 Levitan 巨灵架构，有类似于物理世界国家的起源（The Narrow Corridor，Acemoglu & Robinson，

2019)。

“时代的灰尘落在每一个具体的个人头上，都是一座山。”

过去的人人协同基于不可信的人性共识，每一次试错都可能是万千生命的悲惨涂炭。

而区块链的智能协同岂止规模宏大、时空浩渺，联结从人人的数亿增至人机、机机的千亿、万亿，而且它可以以计算机的光速尝试成万上亿的多种货币政策和治理方式、协同措施。

当然，其试错的成本也仅仅局限于图上作业、沙盘演习、模拟战争，失误的成本远低于现实的“非典”、新冠肺炎疫情，等等。

中本聪用密码学、博弈论、分布式账本等数学共识创造了区块链，可以预见，它将带来我们科技及经济社会治理方式多元设计、数字孪生试错的爆发式增长并加速我们亿万互联且超大规模智能协同的数字时代。

为超大规模智能协同注入血液，为算法统治世界奠定金融数据基础。

完全剔除了人性的纯数学共识的 PoW 算力挖矿机制也是区块链诞生时伴 BTC 而来的，其算力 PoW 也是区块链诞生时伴比特币而来的，其算力十三年来增长极快，已高达 1.8 万万万亿次哈希碰撞 / 秒。笔者认为它并不是纯粹浪费能源，其千叠浪万仞岗一样壁立陡增的算力现在可能也就中美集全国之力可以破解。

如果比特币再挖 10 ～ 20 年，其算力的壁垒之强大，可能全人类都无能为力了，基本上就是一骑绝尘，奔向太空。

PoW 的设计考虑了数学开采挖矿的技术性，也有一系列复杂的经济安排和人性博弈的相互制约和平衡。

比如 2020 年 5 月 12 日的减半后，部分产出较低、能耗较高的老矿机在 9000 美元的比特币价格下，挖出的比特币已不足以支付电费，已被迫关机。而关机后算力下降，又使继续坚持挖矿者的难度相对下降，得到的比特币数相对增多，这样比特币的价格即使暴跌也不至于坍塌式全面关机。

自 2021 年 5 月我国政府考虑到“碳中和”目标及去稳定金融秩序等因素，严令禁止比特币挖矿以来，从内蒙古开始，四川、新疆、山西等省区相继关闭矿场，令比特币全球算力大跌，一度甚至下跌超过 40%。

下半年随着矿机翻墙出海及美国、哈萨克斯坦甚至南美等地新矿场的开设，算力已逐渐恢复，至 2021 年 12 月已达新高。

将来再过五十年甚至一百年，挖矿所得比特币日渐稀少后，比特币价格将高企，矿工打包 Block 获得手续费也足以支撑全网正常运行。

比特币区块链累积的全部历史算力，可以有效地防范对历史成果、对已挖出的比特币资产的盗窃行为，及对比特币发行量、发行曲线、发行机制的篡改。

比特币的 PoW 每十分钟都会再加固一次，而很多新技术，不用耗费算力了，找几个超级节点来签名，这种多签的方法证明的区块链，有再多历史积累都等于零。

这是为什么呢？因为未来任何一天，如果节点合谋了，一瞬间就可以把全部历史区块链篡改并重新签一遍名，只需要花费极小的代价和极短的时间。其靠谱程度和比特币的技术相比根本就是天壤之别。

笔者曾与 Exoplanet Capital 的 CEO Kevin 及北航软件学院特聘教授刘青焱多次认真探讨过这个问题。我们一致认为，比特币的算力不仅不是虚耗能源，而且是为硅基数学共识的未来世界打造的“共识之锚、数据之盾”。

也就是说，我们可以把现实世界中最难、分歧可能最大、利益极深的共识链接到比特币这个锚上，比如国家、军队、选举、核武库，等等。

我们不妨看下现实中的例子，在现实世界中，20 万吨油轮配备的锚多在 10 吨左右，当年世界最大的油轮——诺克·耐维斯号满载排水量 82 万吨，锚有 36 吨。而如果是军舰的话，这个比例更加严格，美国尼米兹级航母排水量 9 万吨，但是船锚 27 吨。

据《中国基金报》数据，截至 2021 年 12 月 13 日，比特币全部供应量（约 2100 万个）的 90% 已被开采，这意味着比特币在市场的流通量约为 1890 万个。美国时间周一，其价格一度下跌超过 8%，至 45773 美元，从 11 月 10 日历史高点已经累计下跌 30%。尚未开采的 10%，预计要花费将近 120 年的时间开采。从业人士称，加密货币等数字资产明年最有可能遭遇“重大调整”。

波澜壮阔、气象万千的元宇宙所需的算力将是一个天文数字。由于高度去中心化，缺少以国家、军队、选举、法院、政府等维护的权威，各个 DAO 体系、Meta 与微软、英伟达、腾讯的元宇宙也可能发生冲突。

如何取得共识，以及取得元宇宙的根本共识？

如果说我们在现实物理世界的共识，国内靠法律、各级政府，国际靠联合国、国际法、国际组织乃至黄金、美元，那么在纯数学的数字世界的元宇宙则可能只有靠算力达成的分布式共识。

这个共识最初、最坚实的来源何在？

天降大任于斯币，目前看来只有全网算力已超过 1.8 万万万亿次哈希碰撞 / 秒，并且算力仍然日以继夜千叠浪万仞岗一样飞速壁立陡增的比特币莫属了。从这个意义上看，高不可及、坚不可催的算力壁垒就是数字时代的保护墙、防护网。

目前看来，比特币的算力之大，全球可能只有中、美两国集大力才可能归集超过比特币全网算力的 51% 以上，才可能攻破。（据说需要集中上万台全球最先进的超算计算机）

但攻破的结果也许是数字共识的崩塌，比特币价值大幅下滑，攻击者耗费巨大代价，却一无所获。

从另一角度看，如果攻击者的算力超过 51% 破了比特币，就如古老传奇所言："少年屠龙，结果自身化龙。"即，谁灭了比特币，谁就成了比特币。

所谓追随最长链原则，根据比特币白皮书里诚实链和攻击链回滚覆盖原理，所包含的区块连环锁机制可以将被攻击的可能性降到无穷低。

同时攻击链一旦成功，它就自动转化为诚实链，被自动追随，成为最长链。而原来的诚实链如果要追赶最长链，反而变成了攻击链。每次攻击成功，形成的更强链，都会提高下一次攻击的难度（由当前的更强难度重新起步）。

所以理论上，比特币追随最强算力，谁一旦最强了，谁就是比特币，谁再攻击自己，谁就需要再造一个更强的自己，陷入无限循环。

从这个角度来说，笔者认为，比特币将成为元宇宙的"定海神针"。

然而，好事多磨。2019 年 9 月 24 日谷歌宣称：世界第一超算 Summit 需要 1 万年才能完成的计算，他们用量子计算机 200 秒即可完成，实现了量子霸权。那么，"量子霸权"是否会"攻破"比特币呢？

2022 年 3 月 19 日，谷歌又与哥伦比亚大学团队等采用新的量子经典混合算法，实现了 16 个量子位的化学计算。并在《自然》（*Nature*）期刊发表了相关成果。

这将导致数学的共识崩塌？

2019 年 9 月 27 日，在台湾大学国际会议中心苏格拉底厅，我曾就这个问题和英国帝国学院数据科学所所长、香港浸会大学副校长郭毅可院士进行了讨论，在场的还有台湾前领导人马英九、江宜桦，台湾政治大学常务副校长张昌吉等。

后来笔者还多次就这个问题与清华校友刘青焱（本科和研究生都毕业于清华大学计算机系）讨论。他近年来一直深入研究比特币和区块链，并在“刘教链”公众号上发表了很多研究成果，也出版了有关书籍。

大家都认为对“量子霸权”的过虑有点杞人忧天。

首先，1911 年荷兰科学家昂内斯就发现了极低温时的超导现象，并由此获诺贝尔物理学奖，之后科学家们又不断取得突破，但迄今仍未进入实用化。

1935 年，德国人伦敦兄弟提出了超导的唯象理论。

1950 年，超导“巴库斯”理论建立。

20 世纪 70 年代，超导列车成功地进行了载人可行性试验。

1986 年，东京大学将超导温度提高到 37K。

1987 年，中科院物理所赵忠贤等提高到 48.6K。

1992 年，日本超导船在神户试航。

2001 年，香港科技大学开发出全球最细纳米超导线。

经过一百多年的不懈努力，目前超导临界温度已提高到 153K，即零下 120°C。但大规模工业和日常生活实用还相去甚远。

由此可见，量子计算进入实用远非一朝一夕可成。

其次，有矛必有盾、有攻必有防，量子计算机不能破解非对称加密的 Shor 算法，对 SHA-256 哈希算法更束手无策。

比特币存放在比特币地址里，由私钥控制。拥有私钥的人，可以使用“椭圆曲线电子签名”算法（ECDSA）动用地址中的比特币。

所谓量子计算技术可以破解比特币，最薄弱的地方就是在 ECDSA 算法这里，但也需要量子计算机可以运行实用级的 Shor 算法。

在比特币发明之初，极早期的比特币版本，是直接使用 ECDSA 公钥上链存放比特币，在比特币上古区块中还能看到历史遗迹。

但是很快中本聪就做了加固防护措施，给 ECDSA 之外又套了一层哈希算法（SHA-256 安全哈希算法），SHA-256 哈希的结果就是今天我们熟知的、常见的比特币地址。

SHA-256 有很好的量子计算机抗性。已知的量子计算算法无法全面攻破。即便是达到实用级的量子计算机，其进步也就相当于比特币挖矿从 CPU 到 ASIC 矿机的算力提升而已，连“攻破”比特币挖矿都做不到。

相反的，真到那一天，比特币矿工之间的“军备竞赛”只会加速推动量子矿机在比特币挖矿产业中的快速普及和大量部署，就像过去 13 年比特币挖矿从 CPU 挖矿升级换代成 GPU 挖矿，又从 GPU 挖矿升级换代成今天的 ASIC 挖矿一样。

这种挖矿技术的升级换代，会大幅提升比特币全网算力。而全网算力的大幅提升，只会让比特币变得更加安全，更加难以被攻击，更加有价值。

比特币挖矿，在算法上就是耗费巨大电力和算力 24×7 不间断地攻击 SHA-256 算法——当然是以一个低得多的难度。比特币系统的左右互搏，正是中本聪的巧妙设计。

试想，这样一个自由开放、与时俱进、不断升级、自强不息的比特币系统自己都攻不破、打不败自己，还有谁能够攻破和打败比特币系统呢？

量子计算机真的实用化了，比特币的价值不是归零，而是会随着量子矿机的采用更上一层楼。

现有版本的比特币代码对于今天足以预见的人类计算能力最大极限已经做出了充分考虑和对策。

但是中本聪想得更远：也许在更加遥远的、未知的未来，有比量子计算机更厉害的计算技术，足以攻破 SHA-256 哈希算法——虽然这个算法被暴力攻破的可能性比人类灭亡的概率还要低。

于是，在2010年6月14日的论坛讨论中，比特币的发明者中本聪对密码学算法被攻破的问题做了更进一步的前瞻性分析，并指出了应对之道。下面是他的原话：

SHA-256非常强壮。它不像从MD5到SHA1的渐进式进步。它可以几十年屹立不倒，除非出现某种大规模突破性的攻击技术。

如果SHA-256被全面攻破，我想我们可以达成某种共识，锁定出问题之前的“诚实的”区块链，并从那个位置开始采用新的哈希函数。

如果哈希攻破是逐渐发生的，我们由一个按部就班的方式过渡到新的哈希函数。

（比特币）软件可以编写成从某个特定的区块号码开始采用新的哈希函数。每个人都需要在那个时间点升级。

（比特币）软件可以把所有旧区块的新哈希值保存一下，如此可以确保对于旧区块的篡改——即使旧哈希值相同——也不会被接纳。

相比浩渺宇宙，人类孜孜以求的共识不过是暴风中茶杯里的秩序。共识的形成违反熵增的自然规律，只能获得局部的成功，这是我们的局限与悲哀。

但熵增虽然不可逆，共识在我们人类宿命的世界里却具备独特的意义。由碳基到硅基、由人性到数学的共识使我们有限生命的牺牲增添了悲壮、崇高、理想的光辉，获得了无穷的价值。

“前程似海催怒马，鲜衣少年再出发。”基于数学共识的比特币与区块链还只是一位刚满13岁的奔跑中的少年，它的成长来日方长，未可限量。

“这里有玫瑰，就在这里跳舞吧！”

后记
Bitcoin

画眉深浅入时无

第一次听说比特币是2014年5月。参加全国工商联执委会后，我邀川大物理系80级的在北京的同学吃火锅。

清华前校长顾秉林老师的博士韩锋对我说："同学中数你有钱，建议你拿100万美元来投资比特币。"我猛地有点儿蒙，觉得莫名其妙。又有同学拉着说3月马航失事的爱情猜想，就没与韩锋再说下去。

2015年，我看到《21世纪经济报道》关于四川小水电挖矿、货车拉矿机在丰、枯水之间煤、水电转场的报道。一眼晃过，没有深究。

但韩锋在同学群中持之以恒的布道终于引起了我的关注。2018年1月8日，我约韩锋一聚。他说："正好我们1月11日在清华有个区块链的会，你也来听听吧。"

我去了，听了，悟了。

韩锋邀请我发表现场感言，我接过话筒，说了比特币、区块链可以同时推进人类民主与科学的新见。

接下来就是四年如火如荼、可歌可泣的理论与实践的全身心参与。

回顾起来，一是痛悔2014年错失良机。曾经在1985年由物理转金融，1990年在深圳进股市，1992年闯海南进房地产并成立房地产公司，对新事物、新苗头敏感如斯的我，（按读研时国经系何书记的说法："胡定核，我看十处打锣九处半都有你。”）为什么此次闭目塞听、麻木不仁？

二是发现人性。人性在这刚刚兴起的无法无天的新领域展现得多么淋漓尽致。1992 年，海南热时骗子口中的“到账就是利润”，在山寨币 ICO 中及各种投资项目中被无数头面光鲜的人士实践。

三是投资、基金、量化交易、质押、借贷、合约杠杆，各种深坑大壑的确防不胜防，其中的故事又可以再写几本书了。

本书的内容大部分均为自己原创，傅加成博士参加了第一章的部分写作，马玉龙先生参加了第二、第四章的部分写作，刘青焱先生参加了第七章的部分写作，在此深表感谢！

自己的学术研究与写作，大致有三个高潮。

一是 1987—1990 年读研时，1988 年我率先提出了人民币国际化，在朱嘉明老师主编的《中青年经济论坛》发表并被《新华文摘》转载，随后又研究了卢布、日元、台币等的国际化问题，分别在社科院世经政所的《世界经济》、数量所的《数量经济技术经济研究》及《日本研究》、《台湾研究》、人民银行《金融研究》等发表，加上其他领域的探索，发表了三十多篇文章。

二是 1993—1996 年读博时，围绕博士论文《国有企业产权交易的经济学分析》，写《国有企业债务重组》（发表于《中国工业经济研究》，被《新华文摘》封面重点转载），《产权与管理：孰轻孰重》等，在《人民日报》理论版、中国社科院各所学报《金融研究》《财政研究》等发表过近五十篇文章。

第三就是自 2020—2021 年，这两年结合自己哈佛大学访问学者对比特币区块链的研究及实践，写了十余篇研究报告及《风云际会比特币》《到底什么是元宇宙》这两本书。

本人对最近这两年的创作更为满意：

首先，中本聪鸿蒙一划、开天辟地的比特币及区块链，代表了数字文明、元宇宙的到来，窃则以为是人类文明的奇点时刻。这个题材极为宏大。

其次，从理论到实践，从物理、金融到数学，从中国到美国，拓宽了笔者视野，年龄阅历也增加了思考的深度。

写作时的确有时也激情澎湃、文思泉涌、妙想万千、神驰天际。有些自以为是的自得之笔。

从 17 岁上大学离家，先后在成都、深圳、海口、北京、银川、武汉、重庆、波士顿、吉隆坡、大阪、台北等地工作和学习过，我虽逐渐习惯了以途为家，以每一阶段终点为新的起点、奔波于人生的个个驿站。但每一次停留中朋友们的情谊，仍是我人生旅途中最温暖的春天般的记忆。

首先要感谢韩锋同学、朱嘉明老师！

大学同学韩锋引我进入比特币、区块链的大门，这就是同学圈、朋友圈的重要性。

朱嘉明老师早在 20 世纪 80 年代就是全国著名的“改革四君子”之一，发起了莫干山会议，就任过河南体改委副主任，而今宝刀未老，又积极推进数字经济的创新。的确令笔者“仰之弥高，钻之弥深”。

朱老师百忙中垂青抽空为本书作序，令本书蓬荜生辉，非常荣幸和感激！

其次要感谢经济日报出版社韩文高社长，多次和笔者沟通并长时间通话，说服我忍痛割爱删去旁征博引但离题颇远的三章和一位笔者非常敬重的领导的推荐序，把本书重点聚焦于比特币市场，以期对比特币投资者一念千金、开卷有益，以求本书洛阳纸贵、不断再版。也要感谢本书责任编辑黄芳芳女士，感谢她于 2018 年 3 月在全国政协开幕式上采访我，感谢她为本书出版所付出的辛勤劳作。

文章杀青完稿后曾请一些朋友斧正，得到了很多鼓励。李林、吴忌寒、肖风、李俊琪、顾学雍、刘青焱、邹传伟、余刚、胡捷、于佳宁、明中行、毛再先、薛江波等都提了具体的意见，吴忌寒还指出了英文拼写的一处失误。

感切之诚，匪言可喻！

在此谨将这些粗浅但也敝帚自珍的文字献给我祖母郑炎英及犬子胡洋郑，亲人和朋友们的爱是我永远的动力。

回望近四年来进入数字世界以来的学习、工作和生活：

有哈佛、清华、台科大校园文化的熏陶；

有北京、波士顿、台北、吉隆坡的绚烂春色、如炽阳光；

又有程贻举市长、吴敬琏老师、王娴师妹、南希教授、宋怡明主任、Danmu 副主任，王开元、吴思、李春利、李世越、刘强、元道、徐继哲、蔡渝生、周硕彦、严晨曦、王飞扬、阿衣梓萱等多位朋友的关怀支持；

的确是如琢如磨、如切如磋、孜孜龁龁、相习相长、抵掌论文、倾怀抒写！

有“诚如何之，快如何之”的欢乐，当然也有受骗上当、冥顽不化、如晴天霹雳、如泰山压顶的惊惶。

好在终于杀青完成了这本可以视为人生阶段性总结的书。

借曾国藩的话：“庶几可以遮护旧失，整顿新气。”

意即整装重启吧！

唐朝诗人朱庆余在临近考试前心情紧张，写了一首题为《近试上张水部》的诗献给水部员外郎张籍，意即临近考试了，我的作品会符合考官的心意吗？

诗中说：“洞房昨夜停红烛，待晓堂前拜舅姑。妆罢低声问夫婿，画眉深浅入时无。”

我现在也就怀着这种既紧张又期盼的心情把这部书献给读者，怀着这种既紧张又期盼的心情等待着大家的批评指正。

胡定核

2022 年 7 月 30 日